Zwischen Laptop und Legosteinen

KATHARINA MARISA KATZ

Zwischen Laptop & Legosteinen

ALS FAMILIE MEHR
VEREINBARKEIT LEBEN

KNESEBECK

Inhalt

4

New Work:
Als Familie arbeiten 85

5

Help - I need somebody!
Betreuungsmodelle 121

6

Endlich Schulkind!
Und wer kümmert sich jetzt
um die Hausaufgaben? 135

7

Net(t)zwerken - Bildet Banden! 149

8

Self Care: Zwischen Me-Time
und Paarzeit 159

Anhang 174

Vorwort

❞ Mit einem Kind kommt neben Job und Haushalt eben ein neuer Faktor dazu, und der wirft meistens erst einmal die ganze schöne gerechte Aufteilung gehörig durcheinander.

Ich wurde im Westdeutschland der Achtzigerjahre geboren. Ich bin mit drei Jahren in den Kindergarten gekommen und meine Mutter war bis dahin zu Hause. Sie hat mich und später meine Schwester versorgt, gekocht, sich um den Haushalt gekümmert, und mein Vater ist arbeiten gegangen.

Ich bin also mit einem gewissen Familienrollenmodell aufgewachsen: Die Mutter ist zu Hause bei den Kindern, der Vater geht arbeiten. Auch als meine Mutter später wieder in ihren Beruf zurückgekehrt ist, war das für uns eher ein »Zuverdienst« für die Familie, keine gleichwertige Erwerbstätigkeit. Es hätte nie zur Debatte gestanden, dass sie zur Arbeit geht und mein Vater bei uns zu Hause bleibt, wenn eines von uns Kindern krank im Bett lag.

Heute gehen 73,9 Prozent der Mütter mit minderjährigen Kindern im Haushalt wieder arbeiten. Einige davon sofort nach der Geburt, einige nach einem Jahr Elternzeit, einige erst nach drei oder mehr Jahren. Einige Mütter sind angestellt, einige selbstständig, einige in Führungspositionen – einige arbeiten 10 Stunden pro Woche, einige 60. Es gibt zahlreiche Varianten, aber eins haben sie alle gemeinsam: Ihr Leben fordert eine ganz andere Form der Vereinbarkeit zwischen Familie und Beruf, in gewisser Weise zwischen altem und neuem Leben, als noch in der Generation meiner Eltern.

Unsere Generation Familien steht vor ganz neuen Herausforderungen: In den meisten Fällen gehen beide Partner arbeiten, weil die Familie auf ein zweites Gehalt angewiesen ist. Steigende Mieten und weniger vererbtes Eigentum, aber eben auch andere Gehaltsstrukturen, neue Technologien und ganz individuelle Wünsche und Lebenskonzepte machen zwei Einkommen häufig unabdingbar. Hinzu kommt, dass heute viel mehr Frauen studieren oder anderweitig viel Zeit und Energie in ihre Ausbildung stecken und sich damit nicht mehr mit der Rolle als Hausfrau und Mutter identifizieren können. Sie wollen arbeiten gehen und haben sich in ihrem Beruf etwas aufgebaut, was sie nach der Geburt eines Kindes nicht einfach so aufgeben möchten.

Wenn beide arbeiten gehen, wird entsprechend eine Betreuung der Kinder benötigt. Auch hier stehen junge Familien vor anderen Herausforderungen als noch unsere Eltern. Das vielbeschriebene »Dorf«, das man braucht, um ein Kind großzuziehen, ist heute eben oft kein physisches Dorf mehr. Viele Familien leben kilometerweit weg von den nächsten Großeltern, Tanten oder Verwandten, die ihnen unter die Arme greifen können. Sie sind also zu großen Teilen auf sich gestellt und müssen eine Organisation innerhalb ihrer Kernfamilie finden, die funktioniert – nur fehlen da eben oft Vorbilder. Aufgaben, die ganz selbstverständlich zwischen unseren Eltern, der Generation der heutigen Großeltern, aufgeteilt waren, stehen plötzlich im Raum und keiner weiß so richtig, was er damit anfangen soll. Wenn beide Eltern es nur so kennen, dass die Mutter die Wäsche wäscht, aufhängt und bügelt, braucht es manchmal eben erst einmal ein Gespräch, um festzustellen: Das ist für unsere Familie aber so nicht machbar und schlicht und einfach ungerecht verteilt.

Bevor ich ein Kind bekam, war die Aufteilung in unserer Beziehung völlig klar: Wir haben beide einen Vollzeitjob, also kümmern wir uns auch beide zu gleichen Teilen um den Haushalt. Laut einer Studie des Familienpanels parfaim verschiebt sich diese Aufteilung bei Paaren, die ein Kind bekommen, in vielen Fällen zuungunsten der Frauen. Bei den Eltern verschiebt sich die Aufteilung der Hausarbeit in der Befragung, die auf die Geburt folgt, dahingehend, dass deutlich häufiger die Frau einen größeren Anteil der Hausarbeit übernimmt oder diese nahezu alleine erledigt. Bei kinderlos bleibenden Paaren verändert sich die Aufteilung demgegenüber kaum.

Mit einem Kind kommt neben Job und Haushalt eben ein neuer Faktor dazu, und der wirft meistens erst einmal die ganze schöne gerechte Aufteilung gehörig durcheinander. Bei uns passierte dieser Wandel gar nicht sofort, er schlich sich aber ein. Ich habe 2017 den Vertrag für mein erstes Buch »Einfach Machen – Der Guide für Gründerinnen« unterschrieben und praktisch vier Wochen später den positiven Schwangerschaftstest in der Hand gehabt. Ich habe mein Buch während meiner Schwangerschaft geschrieben. Wir wussten also von Anfang an, dass im Juli 2018 unsere Tochter zur Welt kommen wird und im September das Buch erscheint. Von vornherein hatten wir besprochen, dass mein Mann in dieser Phase Elternzeit nehmen und die ersten drei Monate einen großen Teil unserer neuen gemeinsamen Verantwortung tragen wird. Während er also stundenlang Runden mit dem Kinderwagen gedreht hat, habe ich im Wochenbett Interviews gegeben, und als unsere Tochter neun Wochen alt war, fand unsere große Buchparty statt.

Nach seinen drei Monaten ging ich in Elternzeit und übernahm entsprechend den Großteil der Kinderbetreuung. Solange wir während der Elternzeit meines Mannes beide zu Hause waren, hatten wir uns die Hausarbeit auch weiterhin aufgeteilt. Nach seiner Elternzeit ging mein Mann aber wieder ins Büro und war damit im Schnitt zehn Stunden am Tag physisch gar nicht anwesend. Also übernahm ich auch einen größeren Anteil des Haushaltes. Weil ich eben sowieso zu Hause war, die Wäsche für das Baby waschen musste, gekocht habe und danach natürlich auch die Küche schnell aufgeräumt habe, dachte ich, es wäre irgendwie mein »Job«, die Aufgaben im Haushalt mit zu übernehmen. So war es ja schließlich auch bei meiner Mutter. Mein Mann hat sich redlich bemüht, seinen Teil zu erledigen, aber ich war ihm durch die Präsenz in der Wohnung oft einfach einen Schritt voraus – was sich aber für keinen von uns gut angefühlt hat. Meine Frustration über die Situation, in die ich mich selbst gebracht hatte, wuchs und sein Unverständnis darüber, warum ich das alles so an mich reiße, eben auch. Was war also passiert? Warum verschob sich unsere gleichberechtigte Beziehung in Richtung eines Rollenmodells, das keiner von uns sich für unsere Familie vorstellen konnte und das wir beide weder angestrebt hatten noch leben wollten?

Die Sache mit den Plänen

Ich war mir vor meiner Schwangerschaft sicher, dass ich bereits nach sechs Monaten Elternzeit wieder arbeiten möchte. Als selbstständige Journalistin hatte ich die Möglichkeit, jederzeit wieder in meinen Job einzusteigen, ohne vorab mit meinem Arbeitgeber Absprachen zu treffen. Tat ich aber nicht. Das hatte verschiedene Gründe: Ich war damals einfach sehr müde und erschöpft von schlaflosen Nächten und einem zahnenden Baby. Und ich genoss die Zeit mit unserer Tochter, in meinem Kopf wollte sich einfach kein Platz für Kreativität finden. Gleichzeitig stellte ich fest, dass konzentriertes Arbeiten neben einem Baby ungefähr so gut funktioniert wie auf einer Techno-Party. Nämlich gar nicht. Die paar Versuche, die ich startete, scheiterten so gnadenlos an meiner neuen Realität, dass ich mich auch fragte, wie ich mir das eigentlich vorgestellt hatte: so ohne Großeltern in der gleichen Stadt und einem Betreuungsplatz in Aussicht. Ich ging also nicht nach sechs Monaten wieder arbeiten, auch nicht nach acht oder zehn. Stattdessen machte ich ein volles Jahr Elternzeit und die Eingewöhnung in die Krippe. Wirklich konzentriert gearbeitet habe ich das erste Mal 14 Monate nach der Geburt unserer Tochter.

Aber sollte das nicht auch anders gehen? Ich schaute mich in meinem Umfeld und auf verschiedenen Social-Media-Plattformen um, auf der Suche nach Vorbildern und Menschen,

> **" Warum verschob sich unsere gleichberechtigte Beziehung plötzlich in Richtung eines Rollenmodells, das keiner von uns sich für unsere Familie vorstellen konnte und das wir beide so weder angestrebt hatten noch leben wollten?**

die das »hinkriegen« mit dieser Vereinbarkeit von Beruf und Familie.

Ich wurde besonders in der schönen bunten Social-Media-Welt schnell fündig. Ach, wie aufgeräumt waren diese Wohnungen, wie schön spielten die Kinder (allein!) in ihren Zimmern, während die Mütter wie nebenbei frisch manikürt mit einem Kaffee an ihrem Laptop saßen und neue spannende Projekte austüftelten. Eine schöne neue Welt! Das wollte ich auch! Als ich zum ersten Mal über dieses Buch nachgedacht habe, war meine Idee darum auch, Familien zu porträtieren und aufzuzeigen, wie sie Vereinbarkeit leben. Aber je mehr ich mich auf die Suche nach eben diesen vermeintlich so perfekten Familien machte, merkte ich, wie das etwas mit MIR machte. Statt mich inspiriert zu fühlen, hinterfragte ich. Ich hinterfragte die andere Familie mit ihrem Modell. Ich fand es himmelschreiend ungerecht, wenn sie engagierte Großeltern an der Seite hatten, die ihnen ein

entspanntes Arbeiten ermöglichten. Ich war richtiggehend neidisch auf einzelne Abläufe.

Dieser Vergleich mit anderen Familien machte mich alles, aber ganz bestimmt nicht glücklicher. Ich fühlte mich nicht inspiriert, sondern bloßgestellt. »Schau, wie leicht das bei mir klappt«, regte mich nicht zum Nachmachen an, sondern eher zum Decke über den Kopf ziehen. Eine Wohltat waren da Familien, die ganz ehrlich aufzeigten, was gerade alles nicht funktioniert. Wie die Wohnung aussieht, wenn beide in einer stressigen Arbeitsphase sind (Spoiler: unordentlich wäre eine Untertreibung), wie die Kinder einfach mal fernsehen oder eine Wasserschlacht im Bad veranstalten dürfen, damit man wenigstens irgendetwas geschafft bekommt. Das Ziehen in meinem Bauch wurde durch solche Beispiele auf jeden Fall ein wenig gemildert. Ich wusste nur immer noch nicht, was ich verändern könnte, um ein wenig mehr Vereinbarkeit zu leben.

Lass mal den Profi ran!

Als Journalistin und Autorin bin ich schon von Berufswegen neugierig. Nachdem ich schnell gemerkt habe, dass »Role Models« allein nicht reichen, damit mehr Familien einen Weg in eine neue Vereinbarkeit finden können, habe ich mich also gefragt, was andere Familien als Probleme wahrnehmen, welche Herausforderungen sie meistern müssen, was sie ändern möchten und wo sie feststecken. Statt weiterhin den perfekten Vorbildern hinterherzujagen, habe ich mich auf die Suche nach echten Profis gemacht, Menschen, die es auf ihrem Gebiet eben wirklich ein kleines bisschen besser wissen und dieses Wissen mit uns teilen möchten. Ich habe viel gefragt. Woher kommen die Probleme? Warum werfen einen immer die gleichen Stolpersteine zu Boden? Warum habe ich besonders als Mutter manchmal das Gefühl, zu ertrinken in all den Aufgaben und niemandem gerecht zu werden? Warum kann ich so schwer abschalten und warum reden wir, wenn wir schon einmal zu zweit ausgehen können, trotzdem hauptsächlich über unser(e) Kind(er)? Ich habe mit Expert:innen aus der »neuen Arbeitswelt« gesprochen, die noch einmal ganz andere Ansätze und Lösungswege für Probleme kennen. Ich habe mit einer Kinderpsychologin gesprochen, mit einer Paartherapeutin, mit einem Inner-Balance-Coach und dem Gründer einer Plattform, die Schüler:innen und ihren Eltern das Leben ein wenig leichter macht.

Herausgekommen ist dieses Buch. Ein Handbuch, ein Begleiter und Arbeitsbuch für Familien. Dabei kann sich jede:r das heraussuchen, was für die eigene Person und die individuelle Lebenssituation gerade passt. Überblättern, für später merken, Eselsohren und bunte Markierungen sind ausdrücklich erwünscht! Vielleicht regt das Buch euch ja auch an, als Familie etwas neu zu überdenken, vielleicht wollt ihr gemeinsam etwas ändern oder vielleicht sorgt es auch einfach für Gesprächsstoff.

Vereinbarkeit und das, was wir ganz persönlich darunter verstehen und uns voneinander wünschen, sind der Schlüssel für jede Art von Neustart, Reset oder auch das kleinste Update.

Ich möchte euch in den folgenden Kapiteln Inspirationen liefern, Antworten, Ideen und neue Impulse bieten. Wir schauen uns gemeinsam an, woher das Ungleichgewicht in der Verteilung der vielen kleinen Aufgaben kommt, was Mental Load bedeutet und wie man ihn besser verteilen kann. Wir lernen von Expert:innen neue Ansätze, Arbeitsmethoden und Ideen, für unseren Umgang mit dem eigenen Beruf und den Möglichkeiten, die sich da inzwischen auftun. Wir schauen uns an, was es an Hilfen gibt: Bei der Betreuung, den Hausaufgaben und auf der Suche nach Netzwerken. Denn eines ist ganz sicher: Die Sache mit dem Dorf, das man braucht, um ein Kind großzuziehen, die stimmt auch heute noch! Nur dürfen und müssen wir uns unsere Dorfgemeinschaft heute eben selbst zusammensuchen.

Lasst uns gemeinsam eine neue Welt schaffen – denn wir leben heute das vor, was unsere Kinder später als Rollenvorbild kennen werden. Das Ziel ist nicht, uns zu verbessern. Wir wollen keine »perfekten« Eltern sein, sondern glückliche – und unseren Kindern vorleben, dass genau das möglich ist.

Ihr seid gemeint!

Ein kleiner Disklaimer: Wenn ich in diesem Buch von Familien spreche, sind alle Familienkonstellationen eingeschlossen. Ob ein Kind oder zehn, ob gleichgeschlechtliche Partnerschaft, Mutter-Vater-Kind-Konstellation oder Alleinerziehende, ob ausgetragenes, adoptiertes Kind oder Pflegekind, jede:r darf sich da abgeholt fühlen, wo es für ihn oder sie passt. In einigen Fällen wird die Konstellation mit Mutter, Vater und Kind(ern) als Beispiel herangezogen, bitte fühlt euch unbedingt auch angesprochen, wenn ich nicht jedes Modell bei jedem Beispiel noch einmal explizit benenne. Ihr seid gemeint!

Mental Load oder der kleine Wissensvorsprung

In diesem ersten Kapitel beschäftigen wir uns mit dem Thema »Mental Load« – oder auch der Frage, warum in 90 % der Fällen die Mutter nach dem aktuellen Aufenthaltsort von Badehose, Schwimmflügeln und Sonnencreme gefragt wird, obwohl doch der Vater mit ins Freibad geht? Warum weiß Mama immer, ob noch »Kekse da sind«, »ob die Milch noch gut ist« oder »ob morgen Sport ausfällt«? Haben wir Zauberkräfte, liegt es in den Genen oder woher kommt dieser Wissensvorsprung?

1

»Wo finde ich noch mal die braune Schuhcreme? Wann hat die Erzieherin in der Kita eigentlich ihren letzten Tag? Mama, wo sind meine Sportschuhe? Wann wird noch mal der Papiermüll abgeholt? Wo sind die Schwimmflügel der Kinder? Mama, kann ich einen Freund zum Mittag mitbringen? Schatz, wann müssen wir los, um pünktlich beim Fußballtraining des großen Kindes zu sein? Mama, wann kommt meine neue Busfahrkarte an?«

All diese Fragen sind schnell beantwortet. Kleinigkeiten, die man ja eh im Kopf hat. Fragen, deren Antworten meist auf der Festplatte einer Person im Haushalt gespeichert sind. Meistens handelt es sich bei dieser familiären, alles wissenden Festplatte um die Mutter. Und diese steht der ganzen Familie zur Verfügung. Irgendwann bürgert es sich in vielen Familien ein, lieber erst schnell Mama zu fragen, bevor man sich selbst auf die Suche macht, nachschaut oder jemand anderen fragt. Ist ja auch praktisch: Mama weiß ja auch alles. Mama ist damit aber auch den ganzen Tag auf Stand-by. Ihr Gehirn rattert den ganzen Tag und muss sich nicht nur alle diese Kleinigkeiten merken, sie müssen auch ad hoc abrufbar, richtig verortet und am besten noch mit zusätzlichen Informationen verbunden sein. Wer nach den Schwimmflügeln fragt, will nämlich ganz sicher im nächsten Schritt auch wissen, wo die Badehandtücher sind. Und das Duschgel der Kinder. Und die Taucherbrille, die Schwimmnudel und die Badelatschen. Und bis man das alles heruntergerattert hat und doch noch dreimal dazukommen muss, weil der gewünschte Gegenstand trotz präziser Angabe nicht gefunden werden konnte, packt man die Schwimmtasche beim nächsten Mal einfach selbst.

Dieses Phänomen des Wissensvorsprungs nennt man Mental Load. Er soll in diesem Kapitel eingehend behandelt werden. Wir wollen herausfinden, wo er herkommt, wie Mental Load entsteht und was man tun kann, um ihn besser und gerechter zu verteilen.

Der Begriff Mental Load ist relativ neu und wurde von der französischen Comic-Zeichnerin Emma geprägt. Ihr Comic, der 2017 erschien, ging um die Welt und gab etwas einen Namen, was viele Frauen schon so lange gefühlt hatten, aber nie wirklich benennen konnten.

In dem Comic werden Alltagssituationen aufgezeigt und die Mechanismen, die bei Frauen häufig im Hintergrund stattfinden. Die kleinen To-dos, die uns über den Weg laufen oder vor die Füße fallen. Liegen gebliebene Wäsche zum Beispiel, ein Geburtstagsgeschenk für die Schwiegermutter, das Aufstocken der Hausapotheke, die neuen Winterschuhe für die Kinder, die Blumen zum Abschied der Erzieherin, der fällige Beitrag für den Sportverein der Kinder, die Schulbücher, die besorgt werden müssen, und die Frist für die Büchereibücher, die abläuft. Ach ja, der Kuchen für das Schulfest muss noch gebacken werden – aber Achtung, keine Nüsse verwenden, da gibt es drei Kinder mit Allergien in der Klasse! Der Termin mit der Hausverwaltung für die Rauchmelder steht an, sämtliche Vorsorge-, Nachsorge-, Impf- und Kontrolltermine müssen mindestens für das Kind und einen selbst, manchmal auch für die ganze Familie vereinbart werden und dann gilt es noch, die aktuellen Essensvorlieben der Kinder im Kopf zu behalten. Der Freund des großen Kindes ist jetzt Vegetarier: Tofu-Würstchen für das Grillen nächste Woche besorgen. Kind zwei isst gerade keine grünen Sachen: ist sicherlich alles nur eine Phase. In jedem Jahr sind die Kinder durchschnittlich auf mindestens fünf Kindergeburtstagen eingeladen, Tendenz steigend. Für jeden Geburtstag muss vorher mit den Eltern Rücksprache gehalten werden, was sich das Kind wünscht, das Geschenk muss geplant, besorgt und eingepackt werden. Bei den jüngeren Kindern muss man selbst bei dem Geburtstag anwesend sein und vielleicht der anderen Mutter noch eine kleine Blume mitbringen, wegen der vielen Mühe, die sie sich gemacht hat.

MENTAL LOAD

»Mental Load bezeichnet den Gesamtaufwand und entsprechende Belastungen, die durch Haushaltstätigkeiten und Kindeserziehung entstehen. Sie greift dabei Gedankengänge der Cognitive Load Theory (CLT) auf. Über die Summe der praktischen Aufgaben hinaus beschreibt Mental Load auch die Last der alltäglichen Verantwortung für das Organisieren von Haushalt und Familie, die Beziehungspflege sowie das Auffangen persönlicher Bedürfnisse und Befindlichkeiten.«
Quelle: Wikipedia

Diese Liste lässt sich ohne Probleme noch mehrere Seiten fortsetzen.

Das Gehirn ist also ständig in Bewegung, da es sich Dinge immer wieder ins Gedächtnis holt. Man muss an »alles denken«. Das führt schnell zu einer Überlastung des Gehirns, weil es unheimlich anstrengend ist, die ganze Zeit alles im Blick zu haben – nicht umsonst wird Menschen, die dies im beruflichen Umfeld tun, Manager:innen und Geschäftsführer:innen nämlich, sehr viel Geld bezahlt.

Bleiben wir doch ruhig einmal bei dem Vergleich. In einer Firma ist die Person, bei der alle Fäden zusammenlaufen, dafür zuständig, diese zu entwirren. Sie übersetzt die Aufgaben praktisch für das Team, priorisiert und gibt einzelne Elemente so an das Team weiter, dass dieses eigenständig damit arbeiten und die Aufgaben entsprechend ausführen kann. Sieht man eine Familie jetzt auch mal als eine Firma, wäre die Frau in dem Fall die Managerin. Das hat schon die Firma Vorwerk erkannt und 2006 in einem Werbespot zusammengefasst:

In dem Spot sitzt eine Frau bei einem Gespräch mit einem gelangweilt wirkenden Mann in einem grauen Anzug. Er fragt sie: »Ihr Beruf? Oder sind Sie nur …« Bevor er den Satz beenden kann, setzt sich die Frau auf und erklärt: »Ich arbeite in der Kommunikationsbranche und im Organisationsmanagement, dazu gehören Nachwuchsförderung und Mitarbeitermotivation oder kurz: Ich führe ein sehr erfolgreiches kleines Familienunternehmen.«

Dieser Werbespot zeigt die Parallele zwischen den Fähigkeiten, die in der Arbeitswelt – besonders in Führungspositionen – benötigt und geschätzt werden, und denen, die man in der Familie täglich abrufen muss.

Manager:innen von Wirtschaftsunternehmen unterscheiden sich jedoch in drei Dingen von unserem kleinen Familienunternehmen:

Führungskräfte haben nicht das dringende Bedürfnis, noch die kleinste Praktikantenaufgabe selbst zu erledigen, weil sie es für unabdingbar halten, die Lochergröße selbst einzustellen, da dies sonst verheerende Folgen für ihr Unternehmen haben könnte. Nein, eine gute Manager:in delegiert Aufgaben, und zwar nicht jeden Tag neu, sondern sie stellt sich ein Team zusammen, das gemeinsam mit ihr das Unternehmen rockt.

Manager:innen haben weder Zeit noch Kapazität, alles noch einmal zu kontrollieren und zu hinterfragen, dafür haben sie ihre Experten und lassen diese ihre Aufgaben so machen, wie sie es können – solange das Ergebnis stimmt.

Sie werden fürstlich für ihre Arbeit entlohnt und genießen gesellschaftlich einen hohen Stellenwert.

Alle diese Punkte sollten wir uns abschauen und versuchen, sie auf unser »kleines Familienunternehmen« anzuwenden. Punkt drei gilt vor allem für die Partner:innen, die kein oder ein deutlich geringeres Einkommen beziehen als ihr Partner. Hier sollte als Paar darüber gesprochen werden, wie sich das finanziell ausgleicht.

Der Burn-out der Frau

In einigen Artikeln, die es zu dem Thema gibt, wird der Mental Overload als »Burn-out der Frau« betitelt. Dahinter steht die Annahme, dass die Frau, wie bereits besprochen, als »Managerin des Haushaltes« agiert und ihr Mann maximal als ausführender Part – wenn überhaupt. Auch in Beziehungen, in denen deutlich mehr gleichberechtigte Familienarbeit geleistet wird, in der die Väter Verantwortung übernehmen und ihre Kinder nicht nur »bespielen«, bleiben die losen Enden, die kleinen Teile, die wie nebenher laufen, oft bei der Frau hängen. Und das liegt nicht einmal nur daran, dass diese Frauen zufällig auch Kinder haben, auch in Beziehungen ohne Kinder liegen Bereiche wie Weihnachten, Geburtstagsgeschenke für sämtliche Familienmitglieder und den Freundeskreis, Handwerkertermine und und und meist in der Hand der Frauen.

Woran liegt es also, dass so oft Frauen von dem Thema Mental Load betroffen sind? Ein Gutes vornweg: An den physischen Grundvoraussetzungen kann es schon einmal nicht liegen, die sind nämlich für Männer und Frauen gleich. Das menschliche Gehirn gibt niemals Ruhe und ist bei beiden Geschlechtern immer auf der Suche nach neuen Informationen. Wir sind immer unbewusst auf der Lauer, ob Gefahren in Sicht sind, und schütten bei Bedarf Adrenalin und Cortisol aus. Das Gehirn funktioniert also nicht nur seit Tausenden von Jahren gleich, es macht auch in dieser Funktion keinen Unterschied zwischen Männern und Frauen.

Was sich jedoch unterscheidet, ist unsere Erziehung und das vorgelebte Rollenbild. Schon bei unseren Eltern und Großeltern, egal wie offen und vielleicht auch fortschrittlich sie leben, waren es fast immer die Mütter, die den Adventskalender bestückten, es sind die Mütter, die Geburtstagsgeschenke besorgen, Karten schreiben und Kuchen backen. Kinder lernen am Modell. Wenn uns also vorgelebt wurde, dass diese Aufgaben bei Mama liegen, werden wir als Frauen ganz automatisch ebenfalls die Verantwortung dafür übernehmen. Hinzu kommt die emotionale Ebene. Wir selbst haben uns über die liebevoll gedeckten Geburtstagstische, die Kuchen oder den Adventskalender eben auch sehr gefreut und diese Liebe, die wir

---

BURN-OUT

Weder Mental Load noch Burn-out sind Diagnosen aus der Psychologie, es sind Begriffe, die die Zeit prägt. Also findet man eine Begrifflichkeit für etwas, was man vorher nicht benennen konnte. Beide Phänomene eint der starke Erschöpfungszustand. Beim Burn-out tritt dieser in Bezug auf den Job auf, bei Mental Load bezieht es sich auf den häuslichen Bereich der Familie.

darüber empfangen haben, möchten wir auch an unsere Kinder weitergeben. Nur eben nicht mehr allein dafür verantwortlich sein.

Und hier tritt auch schon das nächste Problem auf: Frauen können ihre Bedürfnisse häufig schlechter klar äußern als Männer. Sie erwarten eher, dass der (Gesprächs-)Partner Bedürfnisse erkennt oder selbst sieht. Sie schlucken ihren Ärger und die Verzweiflung eher herunter und agieren dann passiv-aggressiv. Wenn wir aber neben diesen kleinen To-dos, die uns im Kopf herumschwirren, zusätzlich auch

---

PROFITIPP

„ Denken, Fühlen und Verhalten stehen in einem Dreieck zueinander. Wenn ich immer wieder denke: ›Es ist alles so viel‹, bin ich auch in meinem Gefühl und meinem Körper viel gestresster und agiere gereizter mit meiner Umwelt. Das Ziel ist es, zu erkennen, was ich brauche, und das in Wünsche formulieren zu können.

TATJANA REICHHART
Die promovierte Fachärztin für Psychiatrie und Psychotherapie (Verhaltenstherapie) hat das erste und bisher einzige Coaching- und Seminar-Café Kitchen2Soul mit Katrin Große in München-Neuhausen gegründet und arbeitet dort selbstständig als Coach und Trainerin.
www.tatjana-reichhart.de

noch permanent unterschwellig genervt oder enttäuscht sind, weil unser Partner nicht erkennt, was wir leisten oder weil wir uns erhoffen, er würde doch EINMAL auch an die neuen Winterstiefel denken, vergiften wir unsere Laune und unsere Beziehung.

In dem Comic von Emma heißt es: »Du hättest doch nur etwas sagen müssen.« Genau so fühlen sich dann viele Männer, wenn ein Wut-Tsunami voller aufgestauter Enttäuschungen auf sie niederkommt. Denn die Ausgangslage der beiden Partner ist völlig unterschiedlich. Die Frau hat über Wochen aufgestaute Wut im Bauch und sich viele Gedanken gemacht. Wenn sie jetzt bei ihrem Partner ein in ihren Augen längst fälliges Gespräch einfordert, kommt sie selbst top vorbereitet um die Ecke gerannt und erwartet, dass der Partner ebenfalls top vorbereitet in den Sprint einsteigt. Der Mann wird in dem Fall nicht abgeholt, sondern von dem aufgestauten Wut-Tsunami einfach umgerissen.

Die beiden stecken also in einer Zwickmühle. Während die Frau in ihrem Wirbel aus To-dos gefangen ist, kann der Mann einiges einfach gar nicht so schnell greifen, wie sie es denkt. Dann kommt der Erfahrungsvorsprung der Frauen zum Tragen. Die Frau hat dann eben vielleicht schon dreimal einen Adventskalender gepackt, sie weiß, dass die Sachen in der Kita regelmäßig kontrolliert werden müssen: ob sie noch passen, dreckig sind oder Löcher haben, und sie weiß, dass die Winterstiefel vom letzten Jahr höchstwahrscheinlich dieses Jahr nicht mehr passen werden. Die Frauen kennen die Freunde und Freundinnen der Kinder, haben alle Telefonnummern und Kontaktpersonen gespeichert und sind eine lebende Größentabelle für Kinderkleidung. Bevor sie das alles erklärt haben, machen sie es schnell selbst. Und der Wut-Tsunami wächst immer weiter.

Hinzu kommt, dass Frauen rein faktisch im Durchschnitt mehr Zeit mit dem Haushalt und den Kindern verbringen, so gewöhnen sich auch Kinder mit der Zeit daran, die Mutter als erste Ansprechpartnerin – für so ziemlich alles – zu sehen.

»Ein Kind kann nicht entscheiden, wessen Aufgabe was in der Familie ist. Ein Kind wird also nicht überlegen: Das macht Mama alles schon, darum frage ich dabei jetzt mal Papa. Die Eltern müssen vorleben, wie sie ihre Aufgaben

> **"**Diese liebevolle Geste der Adventskalender, Geburtstagstische und Co. möchten wir an unsere Kinder weitergeben – nur nicht mehr allein dafür verantwortlich sein.

verteilen und verteilen möchten. Kinder lernen am Modell. So wie wir das als Erwachsene machen und vorleben, werden die Kinder das auch annehmen, zumindest bis zur Pubertät«, erklärt mir Kinderpsychologin Katharina Meier-Batrakow im Interview. Und ergänzt: »Mental Load ist für mich auch, wenn ich krampfhaft versuche, alle Aufgaben, die alltäglich sind, von meinen Kindern fernzuhalten. Also wenn ich zum Beispiel nur während des Mittagsschlafes putze oder nur arbeite, wenn meine Tochter gerade anderweitig betreut ist. Für mich gehört es dazu, dass Kinder mitbekommen, wie Haushalt gemacht werden muss, und sie in die Aufgaben miteinzubeziehen.«

Um Mental Load vorzubeugen, ist gelebte Vereinbarkeit also ein wichtiger, wenn nicht der wichtigste Schlüssel. Vereinbarkeit in einer Partnerschaft oder Familie ist eine Teamleistung. Etwas, was man sich gemeinsam wünscht und erarbeitet. Dann gibt es in einer Familie nämlich nicht nur einen Manager, sondern mindestens zwei und diese haben verschiedene Verantwortlichkeiten. Sie verfolgen jedoch das gleiche Ziel.

Wenn uns alles über den Kopf wächst

Wir haben jetzt herausgefunden, was Mental Load ist, und vielleicht auch ein wenig, woher er kommt. Aber was machen wir, wenn wir nun einmal schon mittendrin stecken und uns das Wasser bis zum Hals steht? Durchatmen, sagt Psychologin Tatjana Reichhart.

> **Wir haben unrealistische Vorstellungen davon, was unser Gehirn und unser Körper imstande sein sollen zu bewältigen. Während viele nach Ideen fragen, wie sie sich und ihr Leben so optimieren, dass sie alles schaffen können, sollten wir uns vielmehr fragen, was ist denn realistisch zu schaffen mit der Energie und der Zeit, die mir zur Verfügung stehen, und was ist mir besonders wichtig?**
>
> TATJANA REICHHART

ZWEI SCHNELLE HILFEN

Aufschreiben: Wenn wir Dinge aufschreiben, kann unser Gehirn sie loslassen. Sie sind dann woanders gespeichert und wir müssen nicht mehr die ganze Zeit daran denken und sie immer wieder hervorholen. Wir können sie loslassen und der Stresspegel sinkt.

Schlaf und Ruhezeiten: Der Körper braucht Schlaf und Ruhezeiten. Im Schlaf kommt »Die Müllabfuhr« und reinigt die übrigen Botenstoffreste im Gehirn. So können am nächsten Tag wieder Produktivität, Kreativität sowie ein klarer Kopf entstehen. Dabei kann auch ein kurzer Powernap am Mittag schon wahre Wunder wirken!

Wie finde ich raus, was mir wirklich wichtig ist?

> **Ich glaube, das Wichtigste ist, Selbstständigkeit beim Kind zu schüren und offen zu erklären, dass man jetzt noch was arbeiten muss, den Haushalt machen oder eine Pause braucht und es sich kurz mal alleine beschäftigen muss. Kinder bloß nicht unmündig behandeln oder in Watte packen, damit tut man den Kindern auch keinen Gefallen.**
>
> ALEXA VON HEYDEN

Übung

Schreibe alles, was in deinem Leben gerade eine Rolle spielt, auf ein Stück Papier. Nun unterstreiche die drei Sachen, die für dich absolute Priorität haben, das ist deine erste Ebene. Als Nächstes umkringelst du die Sachen, die du gern schaffen würdest, aber wo du Abstriche machen könntest. Und dann fragst du dich ganz ehrlich: Worauf kann ich am ehesten verzichten? Diese Posten werden durchgestrichen. Dir erscheinen alle Dinge auf deiner Liste zu wichtig, um sie durchzustreichen? Dann hier eine kleine Hilfe: Häufig sind es die Sachen, bei denen wir uns von außen verpflichtet fühlen, sie zu tun, ohne dass wir selbst etwas davon haben, oder ein Mensch, der uns nahesteht, besonderen Wert darauf legt.

Ein gutes Beispiel ist hier Kuchen backen: Einen Kuchen zum Geburtstag der Kinder zu backen, ihn mit Liebe zu gestalten und mit Kerzen zu dekorieren, ist dir vielleicht wichtig. Vielleicht ist es auch deinen Kindern besonders wichtig und sie freuen sich jedes Jahr darauf. Aber muss er unterstrichen werden? Oder sind nicht auch hier ein paar Abstriche möglich? Eine Backmischung mit liebevoller Deko und Kerzen kommt ganz genauso doll von Herzen, kostet aber lediglich die Hälfte der Zeit.

Am ehesten verzichten kann man vielleicht auf Sonderposten wie Kuchen backen für das Kitafest. Da sollte man sich einfach fragen: Für wen ist es denn eigentlich so wichtig, dass ich diesen Kuchen selbst backe? Was würde denn passieren, wenn ich den Kuchen kaufe? Und kann ich nicht eine Zwischenlösung finden und einen gekauften Kuchen noch super dekorieren?

Die Eisenhower Matrix

" Ich habe zwei Arten von Problemen, die dringenden und die wichtigen. Die dringenden sind nicht wichtig, und die wichtigen sind nie dringend.

DWIGHT EISENHOWER

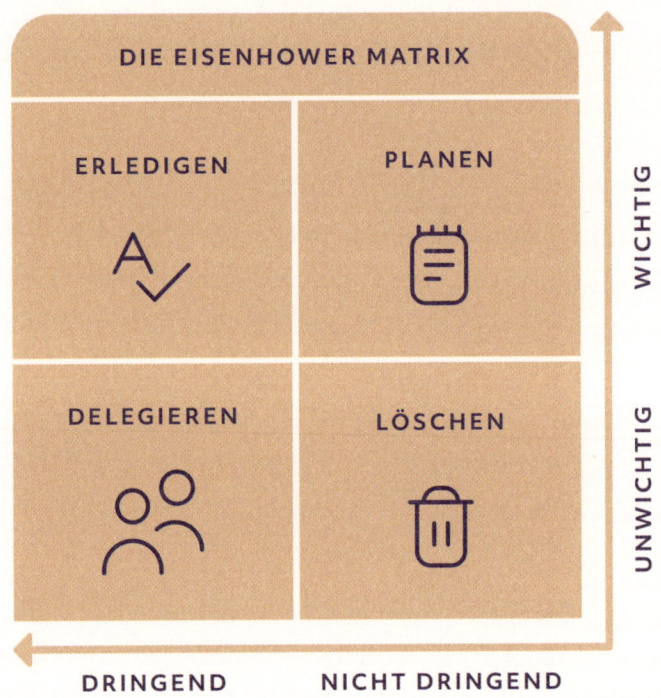

Wenn wir also nicht alles schaffen können, müssen wir uns überlegen, was uns besonders wichtig ist und wie wir die Sachen anders priorisieren können. Mit der Eisenhower Matrix lernen wir, Aufgaben nach ihrer Wichtigkeit und Dringlichkeit zu sortieren und zu priorisieren. Die wichtige Unterscheidung ist dabei: Es geht nicht um Effektivität, also »die Dinge richtig zu tun«, sondern um Effizienz, »die richtigen Dinge zu tun«.

Für die Beantwortung der Fragen definiert die Eisenhower Matrix vier Kategorien:

1

Wichtig und dringend: Die Aufgabe hat einen unmittelbaren Bezug zum Ziel und ist zeitlich relevant. Nehmen wir doch mal das Beispiel einer Date Night: Wichtig und dringend wäre in dem Fall einen Babysitter für die Date Night in dieser Woche zu bekommen.

2

Wichtig, aber nicht dringend: Diese Aufgabe hat einen unmittelbaren Bezug zum Ziel, ist aber nicht dringend. Für die Date Night in einem Monat ist der Babysitter auch wichtig, aber zeitlich nicht so drängend.

3

Dringend, aber nicht wichtig: Die Aufgabe sollte zeitnah erledigt werden, ist aber nicht wichtig für unser Ziel. Die Reservierung in einem Restaurant ist zeitlich gebunden, es sollte an dem Abend ein Tisch reserviert sein und nicht in drei Wochen. Die Date Night könnte aber auch ohne eine Reservierung stattfinden – dann geht man eben ins Kino oder in eine Bar. Diese Aufgabe muss nicht zwingend von mir selbst erledigt werden, ich könnte auch jemanden bitten, die Reservierung zu übernehmen.

4

Nicht wichtig und nicht dringend: Eine typische Aufgabe, die mal irgendwann erledigt werden sollte, aber weder zeitlich noch zielgerichtet Relevanz hat. In Bezug auf unsere Date Night könnte das z. B. das Herunterladen einer Taxi-App sein. Ja, das wäre an dem Abend nützlich, es geht aber auch ohne. Diese Aufgabe wird im Zweifel gestrichen. Sie ist nicht wichtig genug, um sich darum heute einen Kopf zu machen.

Wenn wir also nicht alles schaffen können, müssen wir uns überlegen, was uns besonders wichtig ist und wie wir die Sachen anders priorisieren können:

Was sind meine grundsätzlichen Prioritäten? Zunächst finden wir also heraus, was ganz grundsätzliche Prioritäten sind: Zeit mit meinem Partner, den ich ja hoffentlich auch noch nach den Kindern in meinem Leben habe, Quality Time mit meinen Kindern, eine top geputzte Bude? Die kleinen Extra-Aufgaben wie das Buffet für das Kitafest?

Mehrere Ebenen schaffen: Freundschaften, Partner:in, Arbeit, Sport, Schlaf – all diese Dinge können nicht auf EINER Prioritätsebene sein. Wir haben nur ein bestimmtes Zeit- und Energiekontingent zur Verfügung. Das kann man sich vorstellen wie einen Kuchen mit einer bestimmten Anzahl an Stücken. Da kann man nicht einfach noch eins dazustellen und hoffen, es fällt nicht auf.

Echte Struktur schaffen: Das wichtigste Tool für eine echte Struktur ist ein Terminkalender. Und zwar einer, der auch wirklich genutzt und gepflegt wird. Nur so behaltet ihr einen Überblick darüber, was an Zeitkontingent überhaupt noch übrig ist, welche festen Termine anstehen, und ihr bemerkt schnell, wenn etwas nicht mehr reinpasst. Eine einfache Lösung ist die Frage: Kann ich etwas streichen oder verschieben? Das erfordert ein wenig Konzentration und Organisation, aber man hat viele Dinge aufgeschrieben und damit aus dem Kopf.

4

Den eigenen Anspruch herunterschrauben: Niemand schafft immer alles. Jede:r von uns muss Abstriche machen, weil es zeitlich nicht gereicht hat oder man ganz einfach keine Energie mehr übrighatte. Bei schlechtem Gewissen: einen Realitätscheck machen. Was genau ist denn jetzt mein Katastrophengedanke? Was ist meine Angst und ist sie wirklich echt? Und dann den Moment aushalten, in dem man nicht perfekt ist. Wer richtig mutig ist, teilt ihn mit anderen. Nichts ist erleichternder, als beim Schulfest von einem anderen Elternteil zu hören, dass sie statt dem versprochenen Kuchen Brezeln vom Bäcker mitgebracht haben, weil sie es eben auch nicht geschafft oder vergessen haben. Gemeinsam nicht perfekt sein kann unglaublich befreien!

<u>Übung: Stressogram</u>

Zeichne eine Skala: waagrecht die Zeiten des Tages, senkrecht dein Stresslevel.
Zeichne dann eine Kurve deines Stresslevels im Tagesverlauf ein,
um festzustellen, welche Momente für dich besonders anstrengend sind.

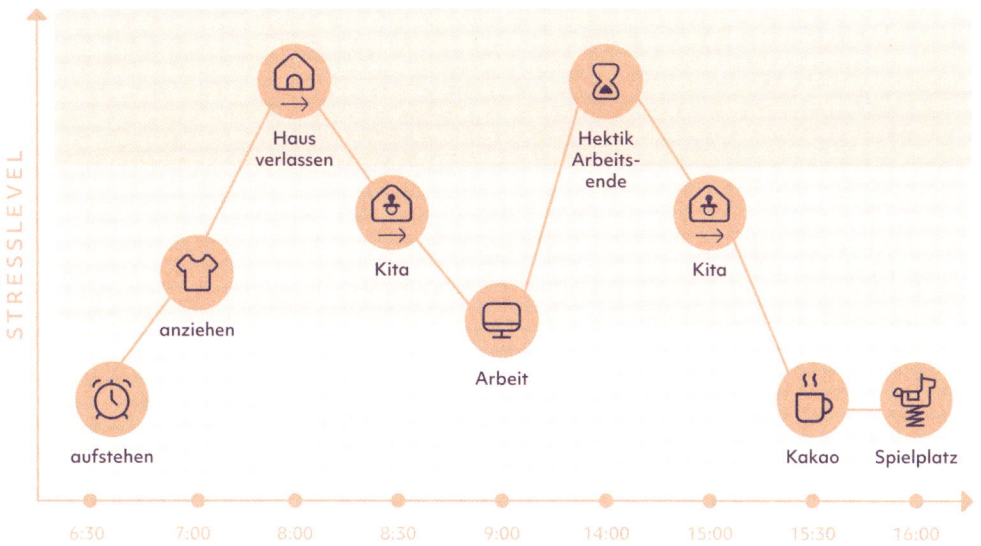

Wenn du erkannt hast, wann dein Stresslevel besonders hoch ist – in unserem Beispiel am Morgen, wenn es ums Frühstücken, Anziehen, Zähneputzen, Fertigmachen der Kinder geht –, kannst du schauen, wie der Morgen entzerrt werden kann, damit man nicht schon so angespannt in den Tag startet. Wie kann der Morgen vielleicht auch statt auf einer auf zwei Schultern verteilt werden?

Wenn es dich besonders stresst, dass du keine Zeit hast, um dich in Ruhe fertig zu machen, wäre es eine Möglichkeit, dass dein:e Partner:in das Wecken und Anziehen über-

nimmt, in der Zeit gehst du duschen. Während sich deine Partner:in fertig macht, machst du Frühstück mit den Kindern.

Wenn ein Stressfaktor das Frühstück ist, weil die Kinder lieber spielen wollen oder nicht aus den Federn kommen, ist die Frage, ob ein Frühstück am Tisch nötig ist. Wenn die Kinder noch kleiner sind, könnte ein Toast mit Butter in der Karre eine Lösung sein. Bei älteren Kindern könnte es eine Möglichkeit sein, einen Smoothie zu machen, den man in einem coolen To-go-Becher mitgibt und den das Kind oder der Teenie auf dem Weg zur Schule trinken kann.

Und wenn die Hütte schon brennt?

Jetzt haben wir die Stressfaktoren zwar wunderbar identifiziert, aber was ist, wenn der Akku bereits auf Sparflamme läuft?

Wenn der Akku leer ist, hat man zu wenig auf seine Bedürfnisse geachtet und zu wenig Energie für sich zurückgeholt. Die Balance ist im Ungleichgewicht. Wie diese Balance wieder mehr ins Gleichgewicht kommt und wie mehr Zeit und Ressourcen übrig bleiben, besprechen wir noch einmal im Kapitel Zeitmanagement (ab Seite 41). Was jetzt ganz akkut helfen kann, ist, achtsam mit sich selbst zu sein. Dafür muss man manchmal erst einmal üben, wie das geht, und erkennen, was überhaupt eigene Bedürfnis-

se sind, darauf gehen wir im letzten Kapitel Self Care (ab Seite 159) noch einmal genauer ein.

Wenn der Punkt der Erschöpfung schon sehr weit fortgeschritten ist und man den Akku selbst nicht mehr aufgeladen bekommt oder bei einem extremem Leidensdruck, sollte externe Unterstützung angefordert werden. Dabei gibt es die Möglichkeit, mit seinem Hausarzt zu sprechen. Dieser kann körperliche Symptome der Erschöpfung, z. B. eine Schilddrüsenfehlfunktion ausschließen. Er kann auch beratend zur Seite stehen, ob ein Gespräch mit einem Therapeuten oder einer Therapeutin helfen könnte und Adressen zur Verfügung stellen.

SECHS SCHNELLE HILFEN

**Jetzt kannst du aber als erste Maßnahme schauen:
Was gibt mir am ehesten Energie zurück? Und was davon
kann ich so schnell wie möglich umsetzen!**

Ein heißes Bad und mehr schlafen

Bewegung & Sport

Soziale Kontakte, Gespräche

Auf Dankbarkeit und Optimismus fokussieren

Etwas zu tun, einfach nur weil es Spaß macht

Kreative Momente: Handwerk, nähen, zeichnen, malen

Eigene Regeln aufstellen

Manchmal entstehen Druck und Stress daraus, dass man sich krampfhaft an »gelerntem Verhalten« festhält. Jeder von uns kennt Dinge, die man macht, weil man sie irgendwie halt schon immer so gemacht hat. »Gegessen wird am Tisch« ist so ein Beispiel für etwas, für oder gegen das man sich nicht aktiv entschieden hat, das aber irgendwie ein ungeschriebenes Gesetz ist. Dabei darf jede Familie ihre ganz eigenen Regeln machen! Wenn etwas – wie Mahlzeiten werden am Tisch gegessen – nur einen zusätzlichen Stressfaktor darstellt, weil die Kinder morgens zum Frühstück einfach nicht an den Tisch zu kriegen sind und man am Ende die vollen Müslischalen genervt im Müll entleert, dann darf man sich neue, eigene Regeln überlegen, die in dem Moment (!) besser zum eigenen Familienleben passen. Oh, und das Beste daran: Man darf sich auch jederzeit wieder umentscheiden, das ist nämlich das großartige an eigenen Regeln. Wir haben z. B. für unsere Familie irgendwann morgens den Kaffee im Bett eingeführt – statt Frühstück. An manchen Tagen trinken mein Mann und ich einen Kaffee im Bett, meine Tochter bekommt einen Milchschaum (das Aufschäumen der Milch ist der Trick gegen Kleckern) und ihr Müsli, das sie im Bett mit Buch in der Hand essen darf. Ja, wir müssen das Bett jetzt häufiger beziehen, dafür garantiert ein solcher Morgen einen deutlich entspannteren Start in den Tag. Unsere Tochter hat wenig später eh noch eine Obstpause in der Kita und mein Mann und ich machen uns jeder am Arbeitsplatz noch ein Frühstück und essen das dann zwar am Schreibtisch, aber mit Ruhe und ohne dass der Stresspegel schon auf Alarm steht.

Die Sache mit dem Essen

Mahlzeiten sind in den meisten Familien ein immer wiederkehrendes Streitthema. Wenn es nicht das Frühstück ist, dann wird am Abendessen gemäkelt oder das große Kind hat keine Lust mehr, sich mit an den Tisch zu setzen. Auch da gilt: eure Familie, eure Regeln!

»Mein Teenager-Sohn liebt es, sich sein Essen mit aufs Zimmer zu nehmen und vor dem Fernseher zu essen. Mir ist es eigentlich wichtig, dass wir als Familie gemeinsam essen«, erzählte mir eine Mutter bei meiner Recherche.

Man kann mit Kindern reden und gemeinsam Kompromisse finden. Einer könnte sein, dass dienstags der Sohn immer sein eigenes Essen machen darf, wann er will, und es vor dem Fernseher, oder wo er möchte, essen darf. An dem Abend können die Eltern ein schönes Essen zu zweit einplanen, wo nicht auf die Bedürfnisse eines Teenies Rücksicht genommen werden muss. Montags, mittwochs und donnerstags wird gemeinsam am Tisch gegessen und freitags gibt es immer Abendbrot, Pizza oder was auch immer man als Familie gern isst, das gemeinsam zubereitet und dann zusammen vor dem Fernseher gegessen wird. Damit hat man ein gemeinsames Familienevent geschaffen und ist zugleich dem Sohn mit seinen Wünschen entgegengekommen. Bei kleineren Kindern kann man das Ganze ohne Fernsehen als Picknick gestalten, bei dem alle gemeinsam auf einer Decke auf dem Boden essen. Für Kinder kann das eine ganz besondere Erinnerung sein und der Druck wird aus dem Thema Familienessen genommen.

Zähne putzen, Haare waschen und Co.

Zähne putzen und Haare waschen stehen auf der Beliebtheitsskala bei vielen Kindern ganz weit unten. Auch hier kann und darf man es sich leichter machen. Ob es die elektrische Zahnbürste ist, die Folge der Lieblingsserie auf dem Tablet in der Wanne, um ungestört die Haare zu waschen, oder das Hörspiel, das beim Zähneputzen läuft. Alles okay, wenn es das für euch als Familie leichter macht.

Eigene Regeln aufzustellen muss man erst einmal üben. Vieles ist ja so gelernt, man hat es eben immer schon so gemacht. Man kann aber einfach mal ausprobieren und für sich herausfinden, was als Familie guttut. Und man darf neue Regeln auch wieder über den Haufen werfen, wenn sie doch nicht funktionieren, ein Kind sich weiterentwickelt oder eine Situation sich verändert.

Übung: Kurzmeditation »Es darf auch mal leicht sein!«

Die Situation: Ihr wollt gerade rausgehen, auf den Spielplatz. Vielleicht seid ihr auch lose verabredet. Und das bald. Und dieses bald rückt immer näher, denn genau jetzt spielt das Kind völlig selbstvergessen im Kinderzimmer. Auf jede Bitte und jedes Versprechen wird nur mit »Gleich« reagiert und du merkst, wie der Stress und die Unruhe von dir Besitz ergreifen.

Die Übung: Atmen! Dreimal ein und aus. Dann schaust du dir die Situation einmal wie von außen an. Was ist denn gerade eigentlich das Problem? Dein Kind will sich nicht anziehen, obwohl ihr doch jetzt rausgehen wollt. Bevor es dunkel wird und am liebsten auch noch während die Freunde ebenfalls auf dem Spielplatz sind. Und ist das wirklich ein Problem oder ist es nur ein Plan, den du gefasst hast?

Atme noch dreimal tief ein und aus und dann stell dir die Frage: Müssen wir denn jetzt rausgehen? Oder kann noch das Spiel beendet werden und dann gehen wir eben erst in einer Stunde raus? Statt dich zu stressen und unter Druck zu setzen, könntest du die Zeit auch als Geschenk ansehen. Schreib den Freunden, dass es bei euch eine Stunde später wird, trink einen heißen (!) Kaffee und lies in aller Ruhe ein paar Seiten in einem Buch, scroll einfach nur durch Instagram oder mach, worauf du sonst Lust hast. Und siehe da: In einer halben Stunde freuen sich die Kinder auf den Spielplatz und ziehen sich ohne großes Murren an. Ein Streit gespart und eine kurze Auszeit gewonnen.

Das habe ich in diesem Kapitel gelernt

1
2
3
4
5

Das möchte ich jetzt aktiv ändern

1
2
3
4
5

Mutter, Vater, Kind & Job?

Im ersten Kapitel haben wir darüber gesprochen, was Mental Load mit uns macht, warum so oft Frauen betroffen sind, und darüber, was sich in der Familie ändern muss, um den Mental Load besser zu verteilen. Aber selbst wenn wir uns innerhalb der Familie gleichberechtigter einbringen, bleibt ja noch immer der zweite große Faktor in der Gleichung: der Job. Wir wollen uns in diesem Kapitel einmal anschauen, wie die Realität von Familien denn heute aussieht, wenn es um die Vereinbarkeit geht – und herausfinden, was sich Eltern eigentlich von ihrem Job wünschen.

2

Wenn man mit Vätern und Müttern über die Arbeit spricht, fühlt es sich manchmal an, als ob beide in völlig unterschiedlichen Welten leben – denn so ist die Realität auf dem Arbeitsmarkt und in der allgemeinen Wahrnehmung leider eben häufig immer noch.

Nimmt eine Mutter weniger als ein Jahr Elternzeit, kann es ihr passieren, dass ihr von ihrem Arbeitgeber unterschwellig oder auch recht direkt erklärt wird, dass sie doch »unmöglich ihr Kind jetzt schon alleine lassen kann«. Ganz zu schweigen von dem Druck der Gesellschaft, der ihr entgegenschwappt. »Rabenmutter«, »Warum hat sie denn überhaupt Kinder bekommen, wenn sie die sowieso bei der ersten Gelegenheit wieder abgibt«, »Workaholic« sind nur einige der Bezeichnungen und Phrasen, die sich Mütter anhören dürfen, die früh wieder arbeiten gehen. Nimmt eine Mutter jedoch mehr als ein Jahr Elternzeit oder bleibt sogar ganz zu Hause, wird ihr im Zweifel fehlende Motivation unterstellt – »die eigene Karriere ist dann wohl nicht so wichtig«, »Hausmütterchen«, »Und dafür hat sie jetzt studiert?«. Aber nicht nur das: Entscheidet sie sich für den

»richtigen« Weg, also die allgemein akzeptierte Pause von einem Jahr, geht es danach direkt weiter. Weniger als 20 Arbeitsstunden pro Woche: »unambitioniert«, »dann kann sie ja auch gleich zu Hause bleiben«. Mehr als 30 Stunden: »Die armen Kinder: immer nur in der Betreuung!« Oh, und alle dazwischen sind »Teilzeitmuttis«. So wirklich richtig kann man es also sowieso nicht machen. Häufig ganz anders bei den Vätern: Nimmt ein Vater zwei Monate Elternzeit, wird das befürwortet, mehr als zwei Monate gelten als super engagiert, es schwingt aber oft die Frage mit, was denn die Mutter nun eigentlich in der Zeit macht. Ganz sicher wird ihm aber nicht unterstellt, dass er mit dem Zeitpunkt der Geburt seine gesammelten Karriereintentionen über Bord geworfen hat.

Leben in zwei Welten

Ich arbeite seit der Schulzeit. Zunächst eine Ausbildung, dann Jobs neben dem Studium, die ersten Festanstellungen und jetzt seit 6 Jahren selbstständig – und: Ich arbeite gern. Ich mag meine Arbeit und definiere mich ein Stück weit darüber. Darum war es für uns als Paar überhaupt keine Frage, dass ich nach meiner Schwangerschaft wieder arbeiten werde. Ich habe durch das Erscheinen meines ersten Buches wenige Wochen nach der Geburt meiner Tochter früh wieder gearbeitet, dann aber auch nach dem Trubel eine Pause eingelegt und Elternzeit genommen. Ich dachte eigentlich, dass ich schon während meiner Elternzeit wieder erste Projekte annehme, aber stellte schnell fest, dass man die Idee, mit einem Baby oder Kleinkind zu Hause zu arbeiten, schlichtweg vergessen kann – wenn man keine Großeltern oder

> **Weniger als 20 Arbeitsstunden pro Woche: ›unambitioniert‹, ›dann kann sie ja auch gleich zu Hause bleiben‹. Mehr als 30 Stunden: ›Die armen Kinder: immer nur in der Betreuung!‹ Oh, und alle dazwischen sind ›Teilzeitmuttis‹.**

andere Betreuungspersonen in der Nähe hat. Sosehr ich die Zeit mit meiner Tochter genossen habe, so sehr fieberte ich dann auch auf die Kita-Eingewöhnung hin. Diese klappte einwandfrei und drei Wochen später hatte ich 6 Stunden am Tag Zeit. Back to Business! Nur ließ das Business leider auf sich warten – oder sich nicht mehr mit meinem Leben vereinbaren. Wir lebten inzwischen in einer anderen Stadt, die meisten meiner Kund:innen saßen jedoch weiterhin in Berlin. Viele Anfragen waren für Projekte, die über mehrere Tage gingen, die ich dann komplett in Berlin verbringen müsste. Am Anfang haben wir noch wie wild jongliert, um das zu wuppen. Einen Nachmittag konnten meine Eltern, die dank unseres Umzuges jetzt näher an unserem Wohnort waren, unsere Tochter abholen, einen Nachmittag mein Mann abdecken, aber ich merkte immer wieder, was es für ein Riesenakt war, solche Reisen zu organisieren und wie wenig Spaß mir diese Zeit, auf die ich mich so gefreut hatte, auf einmal machte. Natürlich fühlte sich die erste Geschäftsreise mit zwei Nächten Hotel, in Ruhe frühstücken, in Ruhe duschen und auf der Bahnfahrt einfach mal ein Buch lesen, in dem mehr Text als Bilder waren, an wie Urlaub, aber dieses Gefühl verflog schnell. Ich musste mein Businessmodell umstellen, das wurde mir klar. Also versuchte ich mir einen neuen Kundenstamm aufzubauen, wieder mehr zu schreiben, und als es gerade lief – kam Corona. Kita-Schließungen, der erste Lockdown und das Canceln sämtlicher Projekte und der meisten meiner Jobs. Und schon saß ich mit einem knapp zweijährigen Kind in einer Art zweiten Elternzeit. In mir war natürlich eine große Angst, dass sich alles wiederholt und ich wieder von vorne anfangen muss, wieder ein Neuanfang, der nicht wenig Kraft gekostet hatte. Aber aus der Not entstehen ja manchmal die schönsten Projekte und so eben auch die Idee für dieses Buch.

In diesem Corona-Jahr gab es für mich, im Gegensatz zu den Frauen, die »nebenbei« noch Teilzeit oder mehr arbeiteten, wenig zu jonglieren. Aber wie viele andere Frauen war auch ich es, die sich manchmal wie in eine Art Zeitspirale gefallen fühlte. Da ich selbstständig bin, kann ich meine Zeiten flexibler legen, mein Mann hatte feste Meetings, für die er am Rechner sitzen musste. Außerdem war meine Auftragslage dank Corona ja eh mau, also hatte ich auch entsprechend mehr Zeit. Bei meinen

Freundinnen, die Teilzeit arbeiten, sah es in vielen Fällen ähnlich aus: Der Vollzeitjob des Hauptverdieners sticht in einer solchen Krise den Teilzeitjob aus. Also saßen wir da und bastelten. So eine allgemeine Krise ist wie ein Brennglas. Probleme wie die Vereinbarkeit von beiden Partnern mit ihrem Beruf und wie schnell diese eben nicht mehr gleichwertig ist, treten in solchen Momenten viel deutlicher hervor. Das Gute daran war jedoch, dass wir viel darüber ins Gespräch kamen, was sich in Zukunft ändern muss, damit mehr Gleichberechtigung und Vereinbarkeit in unsere Familie einzieht.

Vaterfreuden

Laut einer Studie des Statistischen Bundesamtes lag die Elternzeitquote bei Müttern, deren jüngstes Kind unter drei Jahren ist, 2019 bei einem Anteil von

42,2 %

▼

2,6 %

waren es im Vergleich bei den Vätern. Dieser Wert ist 2019 doppelt so hoch wie 2009.

▼

91 %

der Väter kehren spätestens nach der Elternzeit wieder Vollzeit in ihren Job zurück.

Kehrt ein Vater nun aus seiner Elternzeit zurück, werden von ihm doppelter Einsatz und volle Power erwartet. Jetzt hat er ja gerade zwei Monate »Familienurlaub« gehabt, jetzt kann er bitte 120 Prozent für die Firma geben. Selbst wenn also der Vater gern viel mehr Vereinbarkeit leben würde, wird es ihm schwer gemacht. Früher gehen, um das Kind von der Kita abzuholen? In Ausnahmen natürlich okay, aber als Regel, immer mindestens einen Tag in der Woche? Schwierig. Der Vater möchte oder muss beim Kind zu Hause bleiben, wenn es krank ist? Hier fällt durchaus mal die Aussage, dass dies so nicht vorgesehen sei – in der Firmenpolitik, obwohl ihm diese 10 Krankentage im Jahr rechtlich natürlich genauso zustehen wie der Mutter.

Wir halten fest: Männern fällt Vereinbarkeit von Familie und Job nicht in den Schoß. ABER sie können sich aktiv dafür einsetzen und sie immer wieder einfordern, das müssen wir Frauen schließlich auch tun. Es gehört ein bisschen Mut und Durchsetzungsvermögen dazu, den festen Tag im Home Office, den einen Nachmittag, um das Kind von der Kita abzuholen, oder die zehn Minuten morgens später anzufangen, weil man noch das Kind zur Kita bringen muss, einzufordern. Aber wenn man sich die Statistik »Der Mann 2013 Arbeits- und Lebenswelten – Wunsch und Wirklichkeit« anschaut, wünschen sich immer mehr (vor allem jüngere) Männer eine gelebtere Vereinbarkeit in ihrer Partnerschaft.

Welche Rollenverteilung sich Männer in ihrer Partnerschaft gut vorstellen können, im Altersvergleich

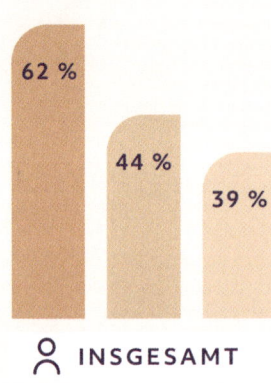

62 %
44 %
39 %

INSGESAMT

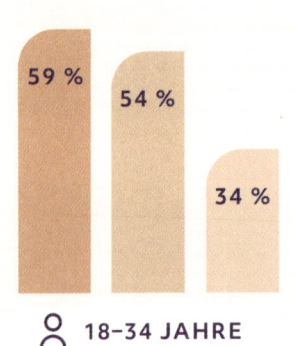

59 %
54 %
34 %

18–34 JAHRE

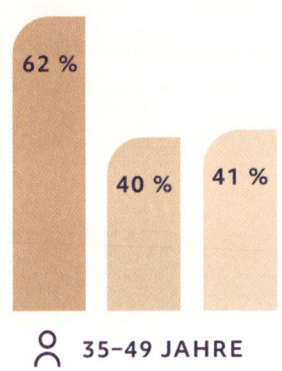

62 %
40 %
41 %

35–49 JAHRE

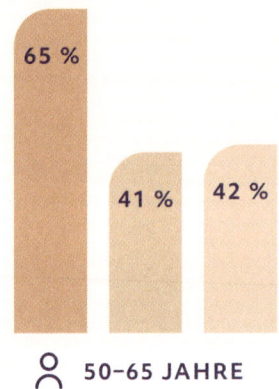

65 %
41 %
42 %

50–65 JAHRE

Der Mann arbeitet Vollzeit, die Frau Teilzeit; um Kinder und Haushalt kümmert sich überwiegend die Frau.

Beide arbeiten Vollzeit und teilen sich die Familienarbeit

Der Mann arbeitet Vollzeit, die Frau kümmert sich um Kinder und Haushalt

Quelle: Väterreport 2016 des Statistischen Bundesamts

Direkt nach der Geburt nehmen die meisten Mütter Elternzeit. Nach dieser Phase kehren 67 Prozent der Mütter in ihren Job zurück, 17 Prozent davon in Vollzeit. Der Großteil, nämlich 50 Prozent, kehrt mit einer reduzierten Stundenzahl zurück – und tappt nicht selten direkt in die Teilzeitfalle. Während von einem Vater also nach seinem »Familienurlaub« häufig volle Power und doppelter Einsatz erwartet werden, ist für Mütter häufig alles anders als vor dem Kind. Den neuen Auftrag bekommt die Kollegin ohne Kind – sie ist einfach verlässlicher erreichbar für den Kunden. Außerdem fällt eine Mutter ja deutlich häufiger aus – so die immer wieder gehörten oder auch nur gedachten Argumente von Arbeitgeber:innen. Wichtige Meetings? Liegen auf dem Nachmittag, Lunchverabredungen, bei denen schon das eine oder andere neue Projekt in die Wege geleitet wurde – keine Zeit mehr, das Mittagessen wird schnell am Rechner gegessen, direkt nach der Arbeit wird das Kind von der Kita abgeholt. Mal in Ausnahmen länger arbeiten – geht nur mit Vorlauf und Organisation, spontan eine Stunde länger bleiben geht nicht. Das Kind ist krank? Wie selbstverständlich bleiben in den meisten Fällen die Mütter zu Hause – sie arbeiten schließlich »nur Teilzeit« und hören nicht selten den Spruch: »Ein krankes Kind braucht ja auch seine Mutter.«

Für beide ist es eine frustrierende Situation, denn besonders die »neuen Väter« wollen ja mehr Zeit mit ihrem Kind verbringen und Verantwortung tragen.

Mehr Vereinbarkeit zu leben heißt eben auch, sich gemeinsam auf diesen Weg zu machen – und der wird für beide Seiten nicht

DIE RECHTLICHE LAGE

Verringerung und Verlängerung der Arbeitszeit

Ein Arbeitnehmer, dessen Arbeitsverhältnis länger als sechs Monate bestanden hat, kann verlangen, dass seine vertraglich vereinbarte Arbeitszeit verringert wird (§8 Absatz 1). Die allgemeinen Voraussetzungen des §8 TzBfG sind: Das Arbeitsverhältnis muss länger als sechs Monate bestehen und der Arbeitgeber muss regelmäßig mehr als 15 Arbeitnehmer beschäftigen.

Einer Rechtfertigung für den Wunsch nach geringeren Stunden bedarf es nicht. Der Beschäftigte muss also keine Gründe für seinen Teilzeitwunsch nennen. Der Antrag muss drei Monate vor der geplanten Änderung erfolgen und muss hinreichend bestimmt sein. Laut einem Urteil des BAG muss ein Arbeitgeber, der den Teilzeitantrag aus betrieblichen Gründe ablehnen will, dies dem Arbeitnehmer spätestens einen Monat vor Beginn der gewünschten Teilzeit schriftlich erklären. Ein entgegenstehender betrieblicher Grund liegt z.B. vor, wenn die Umsetzung des Arbeitszeitverlangens die Organisation, den Arbeitsablauf oder die Sicherheit im Betrieb wesentlich beeinträchtigt oder unverhältnismäßige Kosten verursacht.

immer nur einfach sein. Im Idealfall hat man genau über diese Thematik schon vor der Geburt des ersten Kindes gesprochen und gemeinsam überlegt, welche Möglichkeiten man als Paar sieht. Leider ist es auch 2021 noch häufig so, dass die Männer den besser bezahlten Job haben – aber wenn sich das Modell »die Mutter verkürzt die Arbeitszeit nach der Geburt eines Kindes automatisch auf maximal 30 Stunden die Woche« weiter bewährt, wird sich daran auch ganz sicher so schnell nichts ändern.

Dabei lohnt es sich, gemeinsam zu rechnen, ob 70 Prozent bei beiden nicht auch eine Möglichkeit wäre, sodass beide weiter vollzeitnah arbeiten können und sich die Kinderbetreuung gleichberechtigt aufteilen. Somit hätten beide die Chance, ihren Job weiter zu machen, und auch eine Option, Stunden wieder aufzustocken, wenn die Kinder älter sind oder sich andere Betreuungsmodelle ergeben.

Um mehr Vereinbarkeit zu leben und diese auch im Job zu verargumentieren, muss man sich jedoch zunächst einmal das eigene Zeitmanagement anschauen. Wie funktionieren wir als Familie und was kann der Partner oder die Partnerin, die mehr arbeitet, der anderen Partner:in, die dafür den ganzen Mental Load schultert, abnehmen, wie können wir als Familie uns neu organisieren und aufstellen?

DIE RECHTLICHE LAGE

Kinderkrankentage

Die Anzahl der Tage, die man wegen einer Erkrankung des Kindes der Arbeit fernbleiben darf, ist im Artikel 45 des Sozialgesetzbuches klar geregelt. Demzufolge darf jeder Elternteil für die Betreuung seines kranken Kindes zehn Tage im Jahr freinehmen. Das gilt für Kinder unter zwölf Jahre, Ausnahmen gelten für behinderte oder auf Hilfe angewiesene Kinder. Dazu zählen auch Stief- und Adoptivkinder. Bei mehr als zwei Kindern besteht Anspruch auf maximal 25 Tage. Für Alleinerziehende gelten jeweils doppelt so viele Tage, also pro Kind und Jahr 20 Tage bzw. bei mehreren Kindern 50 Tage. Allerdings ist der Arbeitgeber nicht verpflichtet, für diese Zeit auch das volle Gehalt zu zahlen. Zahlt der Arbeitgeber nicht oder für weniger als zehn Tage, haben berufstätige Mütter und Väter Anspruch auf Kinderkrankengeld von ihrer gesetzlichen Krankenversicherung. Mit einem Attest des Kinderarztes zahlt die Krankenkasse 70 Prozent des Bruttoeinkommens, aber maximal 90 Prozent des Nettolohns.

**Das können wir als Familie sofort tun,
damit nicht ein Partner häufiger
im Job zurückstecken muss als der andere**

1

2

3

4

5

**Das sind unsere Ziele:
So möchten wir in einem Jahr unsere
(Arbeits-)Zeit aufgeteilt haben**

1

2

3

4

5

Zeitmanagement: Als Familie Vereinbarkeit leben

Im Kapitel Mental Load haben wir uns damit beschäftigt, warum es zu einer Überforderung kommt und wie man erkennt, was Stressfaktoren sind. Im zweiten Kapitel »Mutter, Vater, Kind und Job« haben wir uns die Realität im Arbeitsmarkt angeschaut und was Hürden sein können. In »Zeitmanagement« wollen wir nun ganz konkret Lösungsansätze suchen, mit denen sich Arbeit und Familie besser vereinbaren lassen. Hierbei gilt es, gemeinsam Zeit zu sparen, Aufgaben neu und gerecht zu verteilen, kleine Tricks und Kniffe anzuwenden und am eigenen Anspruch zu arbeiten.

3

> **Mein Mann und ich müssen ja arbeiten und machen das nicht, um unser Kind zu ärgern. Ich kenne das auch selbst von meiner Mutter. Wir haben meistens erst um 16 Uhr Mittag gegessen, das war dann Chinesisch oder ein Brötchen vom Bäcker, und das war dann auch okay. Wir haben verstanden, dass meine Mutter als Alleinerziehende eben arbeiten musste.**
>
> ALEXA VON HEYDEN

Die gute Nachricht zuerst: Wir haben die Kinder auf unserer Seite! In einer aktuellen Untersuchung wurde festgestellt, dass eine annähernde Gleichverteilung von Kinderbetreuung und Hausarbeit am häufigsten in den Familien festzustellen ist, bei denen Väter und Mütter in ähnlichem Umfang erwerbstätig sind.[1] Die Studie belegt weiter, dass solche Arbeitszeitkonstellationen auch aus der Sicht der Kinder als besonders gerecht empfunden werden, da beide Eltern ähnlich viel arbeiten und sich die Familienaufgaben und die Zeit mit ihnen hälftig aufteilen.[2]

Aber wie immer im Leben gibt es natürlich auch eine schlechte Nachricht: Die Realität sieht nämlich noch immer deutlich weniger gleichwert aus.

Ebenfalls in der Studie sagte jeder zweite Vater, dass er nur einen kleinen Teil der Hausarbeit übernimmt, etwa jeder zehnte gab sogar an, (fast) nichts im Haushalt zu tun. Lediglich 38 Prozent gaben an, mindestens die Hälfte der anfallenden Arbeiten im Haushalt zu erledigen. Besonders engagiert waren dabei jüngere Männer unter 40. Von dieser Gruppe sind es über 70 Prozent, die mindestens die Hälfte des Haushalts erledigen. So viel zu den Zahlen. Vereinbarkeit und die Verteilung der Aufgaben sind vor allem aber eine gefühlte Gerechtigkeit, wie wir im Kapitel Mental Load schon festgestellt haben. Der wichtigste Schritt ist getan, wenn beide das Ungleichgewicht sehen und gemeinsam daran arbeiten möchten.

---

[1] (Vgl. Pfahl et al. (2017): Partnerschaftliche Arbeitszeitkonstellationen aus Kinder- und Elternsicht, Projektbericht, SowiTra, Kap. 7.6.)
[2] (Studie »Partnerschaftliche Arbeitszeiten aus Kinder- und Elternsicht«, für die (u. a.) Kinder im Alter von 6 bis 14 Jahren befragt wurden, deren Eltern überwiegend beide vollzeitnah arbeiten und sich Familien- und Erwerbsarbeit partnerschaftlich aufteilen.

Wenn das Ungleichgewicht nicht gesehen wird

Besonders in Beziehungen, in denen einer deutlich mehr arbeitet oder verdient als der andere, fällt häufig irgendwann im Streit um To-dos und durchwachte Nächte das Argument: »Ich muss auch morgen fit bei der Arbeit sein. Ich bringe schließlich auch das meiste Geld nach Hause.«

Dieses Argument ist ein echter Totschläger einer Diskussion, weil die Person, die weniger arbeitet – in den meisten Fällen eben doch die Frau –, sich wie vor den Kopf gestoßen fühlt und häufig gar nicht so schnell reagieren kann. Ein Tipp: Hitzig aufzählen, was man stattdessen alles tut und leistet, hilft in dem Moment in der Regel gar nichts.

Was aber helfen kann, ist, sich ein Tool aus dem Projektmanagement zu eigen zu machen. In einer Familie kann eine solche Zeiterfassung dazu führen, dass man sich zum einen selbst einmal klar wird, wie viel Zeit man am Tag womit verbringt – und vielleicht erschreckt feststellt, dass es alleine drei Stunde Fahrerei und Wege mit und für die Kinder sind. Zum anderen kann man gemeinsam darauf schauen und zusammen feststellen, wo man vielleicht etwas abgeben kann oder was man gemeinschaftlich als »nicht so wichtig« einstuft, was dann entsprechend in einer vollen Woche wegfällt.

ZEITERFASSUNG

Eine Zeiterfassung im Projektmanagement dient als Grundlage für die Abrechnung mit dem Kunden. Dabei erstellt der oder die Projektmanager:in eine Tabelle und in diese notiert jedes Teammitglied, wie lange es an welcher Aufgabe gesessen hat, welchen »Aufwand« sie also für diese Aufgabe aufgebracht hat. Dieser Aufwand wird am Ende des Monats oder der Abrechnungsperiode von dem oder der Projektmanager:in zusammengezählt und auf Basis dessen wird dem Kunden oder der Kundin eine Rechnung geschrieben.

Übung: Zeiterfassung

Ihr erstellt gemeinsam eine Übersicht für die Zeiterfassung. In diese tragt ihr eine Woche lang alles ein, was ihr über den Tag erledigt und wie lange ihr dafür benötigt. In unserem Beispiel wären wir damit bei knapp 16 Stunden Erwerbs- und Carearbeit. Just saying.

Auch Männer, die in der Vorstellung leben: »Ich arbeite 40 Stunden und du nur 20 oder gar nicht, also ist ja klar, wer Haushalt und Kinder übernimmt«, werden bei so einer Übersicht schnell feststellen, dass die Frau sehr, sehr leicht über die 40 Arbeitsstunden pro Woche kommt – und dann folgen noch Überstunden, Nachtarbeit und Wochenenddienst. Bei dieser Auflistung geht es nicht darum, den anderen auszustechen, es geht um eine Bestandsaufnahme, um den Status quo. Wo stehen wir gerade, wer macht was und warum fühlt sich das für den einen unfair und überfordernd an, während der andere sich schon an anderer Stelle, nämlich beim Job, vollkommen beansprucht fühlt?

Dies kann auch eine Hilfe sein, sollte es im Haushalt Diskussionen zum Thema Geld geben. Man kann so ja ganz leicht belegen, wie viel Zeit am Tag für welche Aufgaben verwendet wird. Selbst wenn man dann den Mittagsschlaf des Kindes abzieht und vielleicht sogar noch den Nachmittagskaffee mit der Freundin, bei dem die Kinder so schön gespielt haben, kommt die Frau ganz sicher und ohne Probleme über 40 Arbeitsstunden die Woche.

Somit entsteht eine ganz sachliche Diskussionsgrundlage, auf Basis derer man noch einmal gemeinsam prüfen kann, ob das gerade gelebte Modell fair ist oder ob man eine neue Lösung anstreben sollte. Ist man sich einig, dass beide auf eine ähnliche Arbeitszeit kommen, ob in der Erwerbstätigkeit oder in der Familienarbeit, kann es z. B. eine gerechte Variante sein, dass beide ihr Nettoeinkommen in einen Topf geben, man die Ausgaben abzieht und der Rest zu gleichen Teilen auf beide verteilt wird. Vielleicht spart man noch einen Teil gemeinsam und dann bleibt für jeden der gleiche Anteil für das Privatvergnügen.

Diese Übung kann auch für getrennt lebende Paare eine große Hilfe sein, um die anstehenden Aufgaben gerechter zu verteilen – oder zumindest mehr wertzuschätzen, was der andere tut. Denn wenn z. B. einer die Kinder immer an dem Tag hat, an dem noch Kinderturnen ist, bedeutet das auch, schon morgens die Sportsachen zusammenzupacken, Snacks und Getränke zusammenzustellen usw. Eine solche Übersicht ergibt für beide Seiten Sinn, um abzugleichen, was wer tut und wie man was abgeben kann.

☑ AUFGABE	🕐 ZEIT
Kinder anziehen, Frühstück und Nachmittagssnacks zubereiten	30 Minuten
Kinder zur Kita bringen und abgeben	30 Minuten
Arbeitsweg	20 Minuten
Arbeiten	5 Stunden
Weg von der Arbeit zur Kita	20 Minuten
Kinder abholen und zum Turnen fahren	45 Minuten
Kinderturnen	60 Minuten
Weg zurück nach Hause	20 Minuten
Haushalt (Staubsaugen, Spülmaschine ausräumen, Waschmaschine anstellen, Wäsche aufhängen)	70 Minuten
Kinder baden	45 Minuten
Abendessen zubereiten	40 Minuten
Abendessen, bettfertig machen, letzte Runde spielen und ins Bett bringen	2 Stunden
Haushalt (Einkaufsliste für den nächsten Tag schreiben, Küche aufräumen, neue Kinderschuhe bestellen, den Kuchen für das Kitafest backen)	2 Stunden
Kind wacht nachts auf: trösten, noch mal Pipi und was trinken und wieder ins Bett bringen	45 Minuten

Eigene Ansprüche (er-)kennen

Als ich eine solche Zeiterfassung einmal mit der einer Freundin abgeglichen habe, stellten wir schnell fest, dass unsere Schwerpunkte und Prioritäten und damit auch die Zeit, die wir für Dinge aufwenden, völlig unterschiedlich waren.

Während meine Freundin jede Woche alle Betten neu bezieht und alle zwei Wochen jeweils in einem anderen Zimmer Fenster putzt, war mein erster Gedanke: Dafür fehlt mir die Zeit. Oder besser gesagt, mir fehlt die Lust, mir die Zeit dafür zu nehmen. Für mich ist es aber auch nicht überlebenswichtig, wie meine Fenster aussehen. Dafür engagieren wir zweimal im Jahr einen Fensterputzer und das Geld dafür ist ausgesprochen gut investiert. Ich dekoriere auch nicht. Ich habe dafür kein Händchen und die Marie-Kondo-Frage »Bereitet es dir Freude?« würde ich mit »Nö, nicht im Geringsten« beantworten. Damit fallen aber eine ganze Menge Dinge weg, die meiner Freundin sehr wichtig sind. Saisonale Dekoration zu Ostern oder Weihnachten zum Beispiel, auch Staubwischen geht deutlich schneller und das Blumengießen steht ebenfalls nicht auf meiner Liste. Mir reicht ein Strauß frischer Blumen hier und da und der Trend mit den Trockenblumen kommt für mich wie gerufen.

Wenn man aber wie meine Freundin der Typ ist, dem Fensterputzen und Dekorieren eine Herzensangelegenheit ist, dann ist das ja wunderbar! Man muss nur eben mehr Zeit dafür ein-

planen als ich. Es hat eine andere Prioriät, die bei der Planung der verfügbaren Zeit mitgedacht werden muss. Mein Mann und ich kochen dafür ausgesprochen gern, unsere Familie legt viel Wert auf saisonale Zutaten vom Markt und ein täglich frisch gekochtes Essen. Die Essensplanung, der Einkauf und die Zubereitung kosten uns jede Woche eine nicht unerhebliche Menge Zeit und Geld, die meine Freundin spart, indem sie auch einfach mal auf Nudeln mit Tomatensoße aus dem Glas zurückgreift. Auch das ist wiederum völlig okay und spart eben an der Stelle Zeit und Geld. So wird jeder seine Sachen haben, die ihm nicht so wichtig sind und bei denen man Abstriche machen kann. Und gemeinsam Aufgaben einfach wegzustreichen oder auf »alle zwei Wochen« statt »jede Woche« zu schieben, kann so befreiend sein!

Kurz vorab: Wenn es bei euch ohne Wochenplan gut läuft und ihr als Familie das

Gefühl habt, das passt so – dann umso besser! Wenn man aber das Gefühl hat, es bleibt doch viel bei einer Person hängen oder man streitet häufig über das Thema »Wer macht was?« – nicht nur als Paar, sondern auch mit den Kindern, könnte es Sinn ergeben, sich gemeinsam die Woche anzuschauen. So könnt ihr leichter feststellen: Was ist das Problem und wo entsteht der Konflikt?

Wenn ihr euch entschieden habt, eure Aufgabenverteilung und euer Zeitmanagement als Familie zu überdenken, gibt es mehrere Wege, die man jedoch auch wunderbar kombinieren kann.

Nachdem man gemeinsam geschaut hat, was alles an Aufgaben anfällt, also eine Zeiterfassung gemacht hat (siehe Seite 44) – und entsprechend gestrichen hat, was nicht mehr wichtig ist, kann man das Thema Wochenplan angehen. Dafür kann man sich an einem Sonntag mal gemeinsam hinsetzen und überlegen, was denn in der nächsten Woche eigentlich ansteht? Was für feste Termine haben wir in unserer Familie? Gibt es fixe Sporttermine, Verabredungen, die schon getroffen sind? Muss etwas vorbereitet werden oder besorgt? Wenn man als Familie da einen Konflikt hat, ist es sinnvoll, diese Übung zunächst so kleinteilig wie möglich zu machen.

Ein wichtiger Einschub an dieser Stelle: Nachmittagsbetreuung bedeutet nicht nur: Wer kümmert sich um die Kinder, sondern auch, wer kümmert sich um eine eventuelle Betreuung der Kinder. Ein Beispiel: Ein Kind geht immer Donnerstags mit zu seinem Freund Paul nach Hause. Dann wäre die Aufgabe, diese Betreuung zu organisieren. Welches Elternteil hält das Gespräch mit den Eltern von Paul? Soll das Kind etwas mitbringen, hat es die Gummistiefel dabei, weil eine Draußenaktivität geplant ist? Wann soll das Kind wieder abgeholt werden und wer kümmert sich um das Kind, wenn die Verabredung mal ausfällt? Gleiches gilt übrigens auch, wenn das Kind bei den Großeltern schläft. Wer bringt das Kind hin, wer holt es wieder ab, wer kümmert sich darum, dass die Tasche gepackt ist? Größere Kinder können da absolut mit einbezogen werden und ihre Tasche selber packen. Auch hier geht es nur darum, dass einer den Hut aufhat, nicht, dass der Verantwortliche auch alles selbst erledigt. Vielmehr ist man also verantwortlich dafür, noch mal gemeinsam mit dem Kind kurz nachzuschauen, ob alles dabei ist, und womöglich Zahnbürste und Schlafanzug zu ergänzen. Dann macht man gemeinsam die Tasche zu und das Kind kann seine selbst gepackte Tasche mitnehmen, was besonders bei kleineren Kindern auch ganz viel Stolz hervorruft und sie in ihrer Selbstständigkeit bestärkt.

Übung: Der Ist-Zustand

**Zunächst einmal wird gemeinsam
der aktuelle Ist-Zustand aufgeschrieben**

▼

Wie sieht der Tag aktuell aus, was sind
feststehende Größen, wie z. B. die Arbeitszeiten
oder die Betreuungszeiten?

▼

Wer steht morgens mit den Kindern auf
und erledigt mit ihnen das Zähneputzen,
Anziehen usw.?

▼

Wer kümmert sich um Frühstück und Brotboxen?

▼

Wer muss von wann bis wann arbeiten?

▼

Von wann bis wann sind die Kinder in der Kita,
Schule, bei der Tagesbetreuung?

▼

Wer holt sie wieder ab?

▼

Wer kümmert sich um die Nachmittagsbetreuung?

,, Alles, wobei Kinder kooperativ mitwirken, steigert die Motivation.

KATHARINA MAIER-BATRAKOW

Bei uns ist es so, dass mein Mann unsere Tochter morgens in die Kita bringt, das bedeutet, er zieht sie an und sorgt dafür, dass alles, was sie an dem Tag in der Kita braucht, dabei ist. In der Zeit erledige ich die Sachen, die akut im Haushalt anfallen: Spülmaschine vom Abend ausräumen, Wäsche abhängen, Frühstückstisch abräumen, kurz die Küche durchfegen oder einmal über Waschbecken und Toilette wischen, je nachdem, was ansteht. So schaffe ich jeden Tag ein kleines bisschen und am Wochenende müssen nur noch die größeren Themen wie Böden wischen, Betten beziehen und der Wocheneinkauf erledigt werden, was wir uns gemeinsam aufteilen.

Der Vorteil daran, dass jeder morgens seinen Aufgabenbereich hat und nicht beide alles machen, ist, dass man sich nicht auf den Füßen steht und am Ende doch nur die Hälfte von dem gemacht ist, was man sich eigentlich wünscht.

Um die Kinder zu motivieren, kann man zum Beispiel vereinbaren, dass sie drei To-dos aus der »Diese Woche«-Liste erledigen müssen, welche und wann dürfen sie sich aussuchen. Dabei könnte man dem Kind dann z. B. drei Tiermagneten, Pins oder Ähnliches geben, damit ihr gemeinsam am Ende der Woche schauen könnt, was von ihm in »Erledigt« geklebt wurde. Größere Kinder können natürlich auch einfach ihren Namen auf die Post-its schreiben.

Diese Methode ist eine spielerische Art, Aufgaben sichtbar zu machen und nicht klassisch zu verteilen, sondern die Kinder selbst entscheiden zu lassen, wo sie sich einbringen möchten. Weiterer Pluspunkt: Wenn sie zu lange warten, sind die Aufgaben, die ihnen am ehesten Spaß machen, wie Rasen mähen oder Blumen gießen, eben vielleicht auch schon weg und übrig bleibt nur der stinkige Müll.

Aber zurück zu unserem Wochenplan: Nachdem man sich darüber klar geworden ist, welche Aufgaben anstehen, setzt man sich gemeinsam hin und schreibt die Termine der Woche auf. Dabei kann man auch Kinder ganz gezielt mit einbeziehen. Kinder möchten Teil einer Gemeinschaft sein und sie wollen helfen. Wenn also die Freundin der Tochter Geburtstag hat und ich noch einen Kuchen backen möchte, kann ich das ja z. B. wunderbar am Nachmittag mit dem Kind gemeinsam machen. Wir können zuerst die Zutaten einkaufen und dann gemeinsam backen. Man hätte es ja sowieso erledigt, warum also abends, wenn das Kind im Bett ist, damit anfangen, wenn man das auch toll zusammen machen kann. Auch Geschenke besorgen und einpacken kann man mit Kindern gemeinsam planen. Tisch auf- und abdecken oder die Spülmaschine ausräumen können auch schon die ganz kleinen.

Ein Beispiel für deinen Wochenplan

MONTAG	DIENSTAG	MITTWOCH	DONNERSTAG
Tisch decken	Tisch decken	Tisch decken	Tisch decken
saugen	kochen & Küche aufräumen	kochen & Küche aufräumen	kochen & Küche aufräumen
kochen & Küche aufräumen	Kuchen für Kita backen 	Arzttermin vereinbaren	Schulhefte kaufen
turnen Sportschuhe 	Spielplatz 	Spielplatz 	Paul besuchen, Schwimmsachen mitnehmen
Bett	Bett	Bett	Bett
		Sport	Elternabend

FREITAG	SAMSTAG	SONNTAG	WER ?

FREITAG

Tisch decken

kochen & Küche aufräumen

Wocheneinkauf

Fahrrad zur Reparatur bringen

Bett

SAMSTAG

Bad putzen

Papiermüll entsorgen

kochen & Küche aufräumen

Bei Oma schlafen, Tasche packen

Bett

Datenight organisieren

SONNTAG

Rasen mähen

von Oma abholen

Grillen mit Freunden vorbereiten

Grill sauber machen, Wohnung aufräumen

Bett

Spieleabend

WER ?

MAMA

PAPA

KIND

Wertschätzung bei »Sonderaufgaben«

Ein Beispiel: Wir haben in den letzten Jahren gemeinsam den Adventskalender gefüllt. Während das für meinen Mann nervig war und Stress bedeutet hat und er am liebsten einen fertigen Kalender gekauft hätte, ist es für mich Entspannung. Mich mit einem Weihnachtsfilm und einem Glas Wein abends hinzusetzen und den Kalender zu basteln, ist für mich ein wunderbarer Ausgleich zu meinem Job am Laptop und ich mache das wirklich gern. Also habe ich das in diesem Jahr alleine übernommen. Meinem Mann kam der Job zu, den Kalender mit mir aufzuhängen und gebührend beeindruckt zu sein. Was er auch tat. Wenn da also die Wertschätzung kommt und ich meinen

Lieben eine Freude machen kann, macht es mir nichts aus, das alleine zu machen – solange mir die Arbeit Spaß macht und sie mich nicht stresst. Ich möchte nur nicht, dass es selbstverständlich ist. ABER – und das Aber ist genauso wichtig wie die Wertschätzung selbst: Nur, weil es mir Spaß macht, ist es nicht weniger Arbeit. Häufig wird einem etwas an Wertschätzung gekürzt, wenn man die Aufgabe gerne macht. Denn dann ist es ja keine richtige Arbeit gewesen. Das kennt manch eine:r vielleicht auch aus dem Job: Bei Jobs, die einem Spaß machen, heißt es ja auch durchaus mal, na ja, du verdienst zwar nicht so viel, aber dafür machst du ja etwas, was dir Spaß macht. Dass man unter dem, was man tut, nicht leidet, ist ja aber kein Grund dafür, weniger Wertschätzung für die Leistung zu erfahren!

Das Kanban-Board

>> **Bei einem Familien-Kanban-Board geht es darum, sich eine Methode aus der Arbeitswelt nach Hause zu holen und so die Familie spielerisch in Aufgaben einzubinden, für die sich dann alle selbstständig verantwortlich fühlen.**

Die Ausrüstung:

Die meisten Kanban-Boards in Firmen sind entweder Tafeln, White Boards oder sie werden digital erstellt. Für Familien-Kanban eignet sich ein Kühlschrank, eine Tafel oder eine Pinnwand wunderbar. Dazu benötigt man Post-its, Stifte und verschiedene Pins oder Magnete, diese können sich in Farbe oder Motiv unterscheiden.

Die Umsetzung:

Ein Kanban-Board ist nüchtern betrachtet eine Tabelle. Diese wird z. B. auf eine Tafel aufgemalt. Bei einem Kanban-Board in der Software-Entwicklung wird dabei mit folgenden Kategorien gearbeitet:

KANBAN-BOARD

Ein Kanban-Board ist eine agile Arbeitsmethode, die das Ziel hat, Aufgaben zu visualisieren, zu verteilen und den aktuellen Status sichtbar zu machen. Dabei wird die sogenannte »Pull-Methode« angewendet. In vielen Arbeitsbereichen, aber auch in vielen Familien, ist es doch so, dass einer die Aufgaben verteilt und die andere Seite auf den »Push« (Englisch: Druck) wartet, also auf den Moment, wo einem jemand etwas zu tun gibt. Statt um den »Push« geht es bei der Pull-Methode (Englisch: Zug) vielmehr darum, sich aus einem Pool von Aufgaben selbst eine herauszuziehen und diese zu erledigen.

So könnte dein Kanban-Board aussehen

AUFGABE	DIESE WOCHE	ERLEDIGT
Sportschuhe kaufen	Rasen mähen	Schulhefte kaufen
Keller ausmisten	Artztermin vereinbaren	Papiermüll entsorgen
Flohmarktstand buchen	Elternabend	Pfandflaschen wegbringen
Geburtstags-geschenk für Oma kaufen	Monatskarte für Bus einstecken	Kuchen für Kita backen

MAMA	PAPA	KIND

Backlog: Eine Art Aufgabenspeicher, in den alle Aufgaben, die anstehen oder die jemandem einfallen, gelegt werden. Diese werden priorisiert, wobei die wichtigsten Aufgaben ganz oben stehen, weiter unten stehen die aktuell weniger wichtigen Aufgaben. Aufgaben können regelmäßig neu priorisiert werden, damit immer die wichtigsten ganz oben stehen und »gezogen« (Pull) werden können.

Priorisierung der Aufgaben innerhalb des Backlog kann mittels Eisenhower Matrix aus Kapitel 1 erfolgen (Seite 22). Wenn man sich ein Familien-Kanban-Board vorstellt, kommen hier also alle Aufgaben rein, die in der Familie anfallen. Müll rausbringen, neue Winterschuhe kaufen, Zahnarzttermin vereinbaren, einkaufen usw.

Scheduled: Das Wort *Scheduled* bedeutet geplant. In der Software-Entwicklung arbeitet man meist mit Zwei-Wochen-Sprints, in denen die einzelnen Aufgaben eingeplant werden, die verbindlich in den kommenden zwei Wochen erledigt werden bzw. fertig werden sollen. Was hier steht, wird also in den nächsten zwei Wochen erledigt, komme, was wolle. Für den Familienplan würde ich hier wohl »Diese Woche« als Kategorie wählen. In einem wöchentlichen Familienmeeting wird alles, was diese Woche ansteht, aus der allgemeinen »Aufgaben«-Kategorie herausgenommen und in diese Spalte geklebt.

In Progress: Das bedeutet so viel wie: »wird heute erledigt« bzw. »in Bearbeitung«. Hier zieht sich das Teammitglied das Thema hinein, an dem es heute arbeitet. Um es für eine Familie etwas leichter und spielerischer zu gestalten, könnte man diesen Punkt weglassen und stattdessen jedem Mitglied einen Tiermagneten, einen farbigen Pin oder Ähnliches zuteilen. Wenn ich also heute »Müll rausbringen« mit meinem Pin markiere, setzt mein Kind vielleicht seinen Pin bei »Neuen Hefter für die Schule besorgen«, mein Mann bei »Getränke kaufen«. Für diese Aufgabe ist man also aktuell verantwortlich.

In der Software-Entwicklung folgt jetzt der Punkt »Abnahme/Feedback«, dieser ist bei den meisten Familienaufgaben nicht notwendig.

Done: Erledigt, fertig, finito! Wer seine Aufgabe erledigt hat, klebt das Post-it einfach dorthin und jeder weiß, dass es fertig ist. Im Idealfall sucht er sich dann für seinen Pin oder Magneten direkt einen neuen Platz, also eine neue Aufgabe, die er als Nächstes übernimmt.

Der 3-Monatsplan

Ein Wochenplan ist nicht für jeden etwas. Eventuell liebt die eine Person Pläne und die Struktur, die sich für sie dadurch ergibt. Die andere empfindet solche Pläne jedoch als völlig fremdbestimmt. Man sollte miteinander ausloten, was für beide passt. Wen das ständige Wochenplanschreiben eher stresst, kann sich an abgeschlossene Modelle halten, damit man nicht wieder im Kopf hat, dass man sich erneut damit beschäftigen muss.

Dafür setzt man sich einmal gemeinsam hin und überlegt, welche großen Themen fallen denn in den nächsten 3 Monaten an?

Das kann Betten beziehen sein, was so und so oft gemacht werden muss, Fenster putzen, Altglas entsorgen, Pfand wegbringen, einkaufen, den Balkon sommertauglich oder winterfest machen oder den Rasen mähen. Aber auch Sachen wie Steuererklärung vorbereiten, Reifenwechsel beim Auto und den Kita-Gutschein neu beantragen gehören mit dazu.

Auch Klassenarbeiten der Kinder, für die man gemeinsam lernen möchte, Geburtstage von Freund:innen oder Familie, für die ein Geschenk besorgt werden muss, oder das Sommerfest, für das etwas zum Buffet beigesteuert werden muss, gehören mit in den Plan – oder werden entsprechend ergänzt, sobald die Termine dazukommen.

Alle Themen werden in den Kalender eingetragen und gemeinsam werden die Verantwortungen verteilt. Dabei geht es gar nicht darum, Aufgaben 50/50 aufzuteilen oder

---

MAKE IT SPARKLE

Wenn einer von euch es nicht so mit Plänen und Planen hat, könnt ihr die Planung zu einem kleinen Event umfunktionieren. Ihr bestellt euch was Besonderes zu essen oder kocht etwas Leckeres, vielleicht macht ihr auch Margaritas oder eine Teezeremonie, was auch immer euch als Paar Spaß macht. Und ganz nebenbei werden ein paar Termine gewälzt und die Planung für die nächsten drei Monate gemacht – und nicht vergessen, das nächste »Planungsevent« einzutragen!

" **Es macht etwas mit der Beziehung, wenn man nicht in einer ständigen Auftraggeber-Auftragnehmer-Beziehung ist, bei der einer alles im Kopf hat und dem anderen nur Befehle zubellt, sondern wenn jeder seinen Teil im Kopf hat.**

dass derjenige auch zwingend selbst diese Aufgabe durchführen muss. Es geht darum, wer dafür verantwortlich ist – und wer die Sache von seiner mentalen Liste streichen kann.

Beim Thema Fensterputzen geht es also viel eher darum, dass man eine Reinigungskraft beauftragt und diese gebucht, koordiniert und bezahlt werden muss. Beim Lernen für die Klassenarbeit heißt es nicht, dass der oder die Verantwortliche das zwingend selbst machen muss. Er oder sie ist aber verantwortlich für den Dialog mit dem Kind, wo Hilfe benötigt wird und wie die aussehen kann. Gleiches gilt auch für Geburtstage, ebenfalls mit eintragen und direkt markieren, wer sich um das Geschenk kümmert. Die zuständige Person muss es nicht kaufen, sie kann es auch delegieren oder um Hilfe bitten, aber sie trägt die Verantwortung, damit man an dem Tag nicht mit leeren Händen dasteht. Es

ist auch okay, wenn das Thema Geschenke bei einer Partei liegt, wenn die andere es wertschätzt und ihr bewusst ist, dass sich eine Person um alle liebevollen Geschenke des Jahres gekümmert hat.

So entsteht eine unheimliche Erleichterung des Mental Load, weil man das Thema für sich aus dem Kopf streichen kann und die Verantwortung abgeben darf. So hat jeder im Blick, was ansteht und wer verantwortlich ist. Wichtig dabei ist, dass man den anderen dann aber auch machen lässt – und wenn er oder sie erst zwei Stunden vorher losstürzt oder man eben auch mal ohne Geschenk dasteht. Das muss man dann eben aushalten können.

Man darf sich aber trotzdem gegenseitig unterstützen und helfen, wenn es bei einem stressiger ist als beim anderen. Dann kann man ja z. B. seine:n Partner:in bitten, ob er oder sie einmal bei den Eltern der Schulfreundin der Kinder nach Wünschen fragen kann. Wichtig ist dabei nur, die Aufgabe nicht einfach wegzudelegieren, sondern klar zu kommunizieren: Du würdest mir total helfen, wenn du mir bei der Vorbereitung unter die Arme greifst, ich kümmere mich aber darum, dass das Geschenk besorgt wird und eingepackt ist.

Es macht zum einen etwas mit der Beziehung, wenn man nicht in einer ständigen Auftraggeber-Auftragnehmer-Beziehung ist, bei der einer alles im Kopf hat und dem anderen nur Befehle zubellt, sondern wenn jeder seinen Teil im Kopf hat. Und es ist auch gut für die Kinder zu wissen, welche Aufgaben welches Elternteil übernimmt. Zum einen, weil vorgelebt wird, dass Aufgaben als Familie geteilt werden, aber eben auch, damit die Kinder wissen, an wen sie sich wenden können, wer verantwortlich ist.

So kann man die großen Aufgaben auf ein großes Feld verteilen und nach drei Monaten schauen, ob das so für alle noch passt, was dazu gekommen ist und was noch fehlt. Wenn man sich einmal kleinteilig in einem Wochenplan Gedanken gemacht hat, was ansteht, kann man immer wiederkehrende Aufgaben, wie die Donnerstagsverabredung mit Paul, auch in den 3-Monatskalender aufnehmen und dahinter in Klammern, wer dafür verantwortlich ist.

Ein weiterer wichtiger Punkt beim Teilen von Aufgaben ist Wissen. Das Wissen nämlich, das sich häufig in den Köpfen der Frauen befindet – Erfahrungsvorsprung ist hier das Stichwort. Welche Schuh-/Kleidergröße trägt das Kind gerade? Wo ist die Telefonliste aus der Kita? Wie lautet die Nummer der Hausverwaltung und wie noch mal unsere Steuernummer?

Tipp von Fräulein Ordnung:
Der Familienordner

DENISE COLQUHOUN
ist Ordnungsexpertin und Bloggerin aus dem Münsterland.
Als Fräulein Ordnung hilft sie Menschen, schöner zu wohnen und
unnötigen Ballast abzuwerfen.
Sie hat sechs Bücher geschrieben
und ist immer wieder als Ordnungsexpertin im TV zu Gast. Denise
ist alleinerziehende Mutter von
drei Kindern.
www.fraeulein-ordnung.de

Für den Familienordner nimmt man einen ganz simplen Leitz-Ordner. Ein Trenner pro Familienmitglied, mehrere Klarsichtfolien und gleich vorne eine Notfallnummernliste. In den Ordner kommt alles, was im täglichen Leben anfällt. Gutscheine, Konzertkarten, Buskarten, Einladungen, Telefonlisten aus der Klasse. Man kann aber eben auch die aktu-elle Kleider- und Schuhgröße der Kinder notie-ren, den Impfpass und das U-Untersuchungs-buch vom Arzt hineingeben.

Außerdem gibt es ein allgemeines Fach. Da kommt die Nummer vom Fensterreinigungs-dienst rein, der Kontakt vom Gärtner, der die Hecke einmal im Jahr zurückschneiden muss, die Nummer der Hausverwaltung, die Steuer-nummern und der Kontakt zur Steuerberaterin und was eben noch in der jeweiligen Familie so ansteht.

Der Vorteil: Geteiltes Wissen! Jeder kann alles nachgucken und ist nicht darauf ange-wiesen, dass eine Person das alles abruf-bereit im Kopf hat.

Kinder an die Macht: Familienrat und eigene Aufgaben

Ein nicht zu unterschätzender Punkt bei der Verteilung von Aufgaben ist es, die Kinder in diese einzubeziehen. Zum einen bekommen sie so das Gefühl, Teil der Familie und wichtig zu sein, zum anderen lernen sie auch direkt, was alles an Aufgaben in der Familie anfällt. Aber ab wann kann man Kindern denn was überhaupt zutrauen? Ab wann kann man Kinder mit in den Wochenplan einbeziehen?

KATHARINA MEIER-BATRAKOW arbeitet in Teilzeit in einer Klinik für Kinder- und Jugendlichen-Psychiatrie und hat im Frühjahr 2020 den »Elternschirm« gegründet. In geschütztem Rahmen bietet sie Beratung für Eltern, Familien und Pädagog:innen an. Sie ist Mutter einer Tochter. **www.kipsy-katharina.de**

PROFITIPP

Kinder bis drei Jahre

Ab zwei bis drei Jahren kann man Kinder unbedingt in kleine Aufgaben im Haushalt miteinbeziehen – was spricht dagegen, wenn z. B. kleine Kinder beim Wäschefalten die passenden Socken heraussuchen oder beim Kochen Zutaten abwiegen? Ein transparenter Tagesplan, der den Kindern erläutert wird, sorgt dafür, dass Kinder sich darauf einstellen können, was sie erwartet. Man diskutiert oft auch deutlich weniger, wenn es um wiederkehrende Aufgaben und Rituale geht. Jeden Tag um die und die Uhrzeit müssen wir uns anziehen und Zähne putzen, um dann zur Kita zu gehen. Die meisten Kinder profitieren von einer groben Struktur. Auch Ankündigungen sind wichtig: Papa ist heute Nachmittag da und bringt dich auch ins Bett.

Bei Kindern ab eineinhalb Jahren kann man z. B. gut mit einer gebastelten Tagesuhr arbeiten, anhand derer man den Tagesablauf

darstellt. Nicht zu jeder Familie passt ein Tagesplan, manche Familien sind auch gerne spontan. Es erleichtert aber vielen Kindern die Übergänge zwischen verschiedenen Situationen und Abläufen.

Kindergartenkinder (3–6 Jahre)

Im Alter ab drei Jahren finden Perspektivwechsel statt. Kinder können sich nun auch abstimmen und Kompromisse finden. Sie können in einem gewissen Maße abwarten und sich darauf einstellen, dass etwas nicht heute, aber morgen wieder möglich ist.

Man kann Kindern in dem Alter kleine Aufgaben auftragen, ihnen aber nicht die Verantwortung dafür übertragen. Beispielsweise kann das Kind dafür zuständig sein, den Tisch nach dem Essen abzudecken, man kann aber nicht erwarten, dass es nach jedem Essen selbstständig daran denken wird. Man muss also noch begleiten, ob und wie die Aufgaben erfüllt werden.

In dem Alter kann man die Wochenuhr entweder um weitere Tortenstücke und Symbole ergänzen oder man erstellt bereits einen Familienplan. Nun kann man die Kinder unbedingt bei der Planung und Gestaltung der Woche miteinbeziehen. Alles, wobei Kinder kooperativ mitwirken, steigert die Motivation.

Der Familienplan kann jetzt auch um Punkte wie »Kaffeepause« für die Eltern ergänzt werden und auch Medienzeiten sollten eingeplant werden, damit Kinder auch hier wissen, was sie wann erwartet.

Schulkinder (ab 6 Jahre)

In dem Alter können und wollen Kinder Mitsprecherecht haben. Ein Familienrat sorgt für eine Ansprechbarkeit der Eltern und Kinder können ihre Bedürfnisse und Wünsche adressieren. Dort kann auch der Wochenplan gemeinsam erstellt werden und jeder kann sagen, was ihn gerade beschäftigt.

Ab sechs Jahren können Kinder bereits Verantwortung für einzelne Aufgaben im Haushalt übernehmen. Diese dürfen die Kinder entweder selbst vorschlagen oder aber man sagt: Das und das ist noch übrig, was davon möchtest du denn übernehmen?

Man kann auch Aufgaben, die gemeinsam zu erledigen sind, einplanen. Es kann für ein Kind auch eine schöne Exklusivzeit sein, wenn es alleine mit Papa das Laub zusammenfegt oder den Keller entrümpelt.

Übung: Tagesuhr

Bei dieser Uhr wird aus Pappe eine runde Scheibe ausgeschnitten oder auf eine Tafel aufgemalt. Diese wird in die benötigten Tortenstücke unterteilt. Bei kleinen Kindern sollten nicht mehr als fünf Tortenstücke entstehen. Diese werden mit Symbolen so gestaltet, dass sie für die Kinder erkennbar und leicht zu verstehen sind. Wer diese Symbole nicht selbst gestalten möchte, kann auch schöne Aufkleber bestellen. Am besten nutzt man dafür die Dinge, die sonst eher schwierig im Tagesablauf sind. Also z. B. Zähne putzen, für die Kita anziehen, Abendessen, Schlafengehen o. Ä. Wo man im Tagesplan steht, kann man durch eine Wäscheklammer bei der Pappvariante markieren. Bei der Tafel kann es ein Magnet oder ein Pin sein, der anzeigt, wo man sich im Tag gerade befindet.

STAND-UP-MEETING

In vielen Digitalunternehmen wird regelmäßig (einmal die Woche oder auch jeden Morgen) ein kurzes Stand-up-Meeting abgehalten. In diesem Meeting stellt jeder kurz vor, welche Aufgaben bei ihm anstehen, worauf man sich fokussiert. Das Ziel ist es, die Transparenz zu steigern, um so Synergien freizusetzen und optimal zu nutzen. Ein Beispiel: Wenn ich sage, dass ich an einer bestimmten Präsentation zum Thema XY arbeite, stellt sich in dem Meeting vielleicht heraus, dass ein Kollege für eine Kundin bereits eine ganz ähnliche Präsentation erstellt hat, die ich nutzen kann und mir so Zeit erspare.

Dem gleichen Konzept folgt so ein Familienrat. Man stellt als Familie Aufgaben in den Raum, verteilt sie gemeinsam und bespricht, was in der Woche ansteht. So lernen Kinder und Eltern, was bei den anderen jeweils auf der To-do-Liste steht, und man kann leichter Dinge abnehmen, indem beispielsweise die Partnerin feststellt: »Ich hole das große Kind Freitag ja eh mit dem Auto vom Sport ab, dann gehen wir noch schnell zum Supermarkt um die Ecke und holen die restlichen Zutaten für das Essen am Wochenende. Dafür gönnen wir uns da auch ein großes Stück Belohnungskuchen und haben direkt noch ein bisschen Quality-Zeit zu zweit gehabt.«

PROFITIPP

Goldene Regeln zum Ordnungschaffen mit Kindern von Fräulein Ordnung

DENISE COLQUHOUN
ist Ordnungsexpertin und Bloggerin aus dem Münsterland. Als Fräulein Ordnung hilft sie Menschen, schöner zu wohnen und unnötigen Ballast abzuwerfen. Sie hat sechs Bücher geschrieben und ist immer wieder als Ordnungsexpertin im TV zu Gast. Denise ist alleinerziehende Mutter von drei Kindern.
www.fraeulein-ordnung.de

1

Klare Zonen definieren

Das Kinderzimmer ist das Reich und der Verantwortungsbereich der Kinder. Dort dürfen abends auch einfach mal Spielsachen und Kleidung rumliegen. Man sollte jedoch regelmäßige gemeinsame Termine (z. B. immer sonntags) vereinbaren, wo zusammen durchgegangen und sortiert wird. Auch im Kinderzimmer gibt es Regeln, was z. B. Essensreste oder richtigen Schmutz angeht. Diese besprechen und auch darauf bestehen, ansonsten kann eben z. B. nicht mehr im Kinderzimmer gegessen werden. Im Wohnzimmer hingegen wird jeden Abend gemeinsam aufgeräumt, es wird abends zum Erwachsenenbereich, wo die Eltern nicht über jeden Legostein stolpern wollen.

Eine Grundordnung schaffen

Eine Grundbasis herzustellen ist gerade mit Kindern besonders wichtig.

Jeder sollte wissen, wo alles ist. Alle Dinge haben einen festen Platz – an den sie auch wieder zurückgeräumt werden. So kann das Kind auch selbst Ordnung schaffen und Dinge wegräumen, weil es den Platz dieser Dinge kennt und sich dabei sicher fühlt. Das gilt auch für ihr Kinderzimmer: Wenn alles seinen Platz hat, wird es viel eher auch entsprechend weggeräumt.

3

Ordnungssysteme einführen

Hat man mehrere Kinder, häufen sich oft Spielzeuge, die nicht alle gleichzeitig bespielt werden können. Um auch hier Ordnung reinzubringen, kann man die Spielzeuge nach Themen sortieren, dafür eignen sich farbige Kisten. In einer Kiste ist das Playmobil, in der nächsten der Kaufmannsladen, in der dritten die Barbie-Kollektion. Es werden maximal drei Kisten gleichzeitig bespielt, wenn ein anderes Thema gewünscht wird, werden die Kisten ausgetauscht.

Spielerisch aufräumen

Es hilft einigen Kindern, das Aufräumen spielerisch zu gestalten. In der Zeit, in der die Sanduhr, Eieruhr oder der Timer am Handy läuft, wird um die Wette aufgeräumt. So weiß das Kind auch direkt, dass die Aufräumzeit begrenzt ist, und fragt nicht alle drei Minuten nach, ob man denn schon fertig sei. Eine Erweiterung zum Aussortieren ist folgende: Wenn Sachen übrig bleiben, für die das Kind keinen Platz gefunden hat, kommen diese in die Mitte des Zimmers. Wieder wird ein Spiel daraus: Bei »Los« kann sich das Kind die Sachen, die es behalten möchte, schnappen und die Mutter oder der Vater die Sachen, die in den Müll oder den Keller sollen. So sortiert man spielerisch kaputte oder längst ausgeliebte Spielzeuge aus. Das Kind wird in den Prozess involviert und kann auch jederzeit sein Veto einlegen. So unterstützt man das Kind darin, auch selbst zu entscheiden, was mit seinen Sachen passiert.

Essensplanung:
Familienkochbuch und Co.

Einer der größten Zeitfresser der Woche ist ganz sicher das Thema Essen: Was gibt es? Wer kauft wann ein? Wer kocht? Und dann gibt es in den meisten Fällen eben doch wieder Gemecker. Wer nicht plant, geht gefühlt jeden Tag einkaufen. Wer sich die Mühe mit dem Wochenplan macht, sitzt mindestens einen Abend mit Kochbüchern oder Apps da, erstellt den Plan für die Woche, dazu kommt noch, die Einkaufslisten zu erstellen, und das Einkaufen.

Die gute Nachricht: Man muss das Rad nicht jede Woche neu erfinden, nicht mal Restaurants wechseln die Speisekarte so häufig, dass es jeden Tag was anderes zu essen gibt. Mach es dir so leicht wie möglich. Wenn alle mittags schon ein warmes Essen in der Kita, Schule oder bei der Arbeit bekommen, reicht abends auch ein gemütliches Abendbrot völlig aus. Auch hier kann man ja mit verschiedenen Zutaten variieren. Mal gibt es vielleicht Avocadobrot, mal kann man das Abendbrot auch einfach überbacken und warm essen oder es gibt mal ein paar Würstchen dazu. Auch Variation bei Aufschnitt, Käse und Knabbergemüse sorgt dafür, dass man nicht das Gefühl hat, jeden Tag das Gleiche zu essen.

Unsere beste Investition im letzten Jahr: Ein Toaster! Geröstetes Brot schmeckt nämlich auch bloß mit Butter schon richtig lecker.

FAMILIENREZEPTBUCH

Ein Familienrezeptbuch kann ein einfacher Leitz-Ordner mit Folien sein, in den ihr eure Lieblingsrezepte abheftet. Etwas mehr Mühe macht ein richtiges Rezeptbuch, der Vorteil: Ihr könnt Rezepte aus Kochbüchern abschreiben und eure Ergänzungen oder Änderungen direkt notieren. Wichtig dabei: Unbedingt eine Einkaufsliste anlegen und nicht vergessen, Back-, Koch- oder Ruhezeiten mit aufzuschreiben.
Eine weitere Möglichkeit sind auch Rezeptkarten. Da schreibt ihr vorne das Rezept auf die Karte und auf der Rückseite notiert ihr die Zutatenliste. Mit diesen könnt ihr dann auch direkt euren Wochenplan bestücken, geht noch schneller und ist super übersichtlich.

,, Die Eltern bestimmen, was es gibt, und das Kind bestimmt, wie viel es wovon essen will.«
SABINE HUTH-RAUSCHENBACH,
IN: ORGANIC COOKING –
DAS FAMILIENKOCHBUCH

Die Planung

Wichtigste Lektion, die ich beim Erstellen eines Wochenplanes gelernt habe: Wenn man nicht jeden Tag selbst kochen möchte, reicht es nicht, auf den Plan Reispfanne zu schreiben und die Zutaten auf der Einkaufsliste zu ergänzen. Am besten schreibt man entweder die Seite im Kochbuch dazu, druckt das Rezept aus oder legt sich ein eigenes Familienrezeptbuch an. Damit haben alle Parteien die Möglichkeit, schon mal das Essen vorzubereiten oder auch mit dem Kochen zu beginnen.

Für das Einkaufen überlegt euch, wann ihr Zeit für einen Wocheneinkauf habt. Ist Samstag der Tag, an dem Supermarkt und Co. am besten in euren Alltag passen? Dann sollte spätestens Freitagabend der Wochenplan für die kommende Woche geschrieben werden. Um es euch leicht zu machen, startet der am Sonntag, ihr habt also von der vorherigen Woche noch alles für das Mittagessen geplant und eingekauft und keinen Stress, wann ihr eure Erledigungen an dem Samstag dann auch schafft. Vielleicht kann das auch eine schöne Familientradition werden, dass man samstags zusammen auf den Wochenmarkt geht und einen Teil der Besorgungen gemeinsam erledigt. Für Kinder ist es immer schön zu sehen, woher Zutaten kommen, vielleicht äußern sie auch Wünsche oder haben selbst noch Ideen. Je mehr man Kinder in den Prozess der Zubereitung von Essen involviert, desto höher sind die Chancen, dass sie das Gericht am Ende auch tatsächlich essen.

WOCHENPLAN

	MONTAG	DIENSTAG	MITTWOCH
FRÜHSTÜCK			
MITTAG			Pommes-Variationen
ABEND	Blitzspinatlasagne	Risotto	

EINKAUFSLISTE

DONNERSTAG	FREITAG	SAMSTAG	SONNTAG

Kartoffelpüree
mit Fisch und
Karottensalat

Waffelsandwiches

Geröstete Karotten
mit Quinoa

Brokkoli-
Erbsen-Suppe

Den Wochenplan zum Selbst-
ausfüllen findest du als Block auf
www.katharinakatz.de

5 Tipps für den Wochenplan

Bezieht die Kinder in die Essensplanung mit ein – vielleicht darf sich jedes Kind etwas für das Wochenende aussuchen, das gekocht oder auch gebacken werden soll. Und das wird dann gemeinsam zubereitet. So verbindet ihr das Praktische mit der Familienzeit.

Faktor Zeit einplanen: Wenn ihr in der Regel nicht viel Zeit habt, um groß zu kochen, plant nicht unbedingt eine aufwendige und langwierige Geschichte wie Gulasch unter der Woche ein.

Wiederholungen sind was Gutes! Wenn es Gerichte gibt, die der ganzen Familie schmecken, dann plant sie doch ruhig immer wieder ein – so gibt es weniger Gemecker und die Gerichte gehen einem auch immer schneller von der Hand.

Einfrieren, einfrieren, einfrieren! Bei aufwendigen Gerichten oder Soßen immer mehr kochen und portionsweise einfrieren: spart Zeit und Geld!

Basisarbeit: Wenn ihr einplant, dass es jeweils einen Tag Nudeln, Kartoffeln, Reis, Teig (Pizza, Quiche o. Ä.) geben soll, habt ihr den Wochenplan schon halb geschrieben, ihr müsst nur die Soße oder den Belag bestimmen und jeder weiß immer genau, worauf er sich freuen kann.

MONTAG

Blitzspinatlasagne
FÜR 4 PERSONEN

• 2 Pakete Rahmspinat
• 1/2 Paket Lasagneplatten (ggf. Vollkorn)
• 1 Handvoll Pinienkerne oder andere Saaten
• 300 g Käse (gerieben)
• Gewürze: Muskat, Salz, frisch gemahlener
schwarzer Pfeffer

Den Rahmspinat nach Packungsanleitung auftauen und mit Muskat, Salz
und Pfeffer abschmecken. Die Pinienkerne in einer Pfanne ohne Fett anrösten. In
einer großen Form zunächst Spinat, einige
Pinienkerne, dann Lasagneplatten schichten
und diese Schritte wiederholen, bis vier Schichten entstanden sind. Bei der letzten Schicht
Nudeln die Lasagneplatten fest in den Spinat
drücken und mit Käse bestreuen. 25 Minuten bei
180 °C Umluft in den Ofen. Fertig.

DIENSTAG

Grundrezept Risotto
FÜR 4 PERSONEN

• 400 g Milchreis oder Risottoreis
• 1 l Gemüsebrühe
• 4 EL Butter
• 80 g Parmesan
• Gewürze: Salz & Pfeffer

Gemüse je nach Jahreszeit. Es eignen sich
z. B. Kürbis, Spargel, Erbsen oder Pilze ganz
wunderbar. Einfach extra in einer Pfanne
anbraten, nach Geschmack würzen und zum
Schluss unter das Risotto rühren.

Den Reis mit einem Esslöffel Butter im
Topf anrösten, bis er schimmert, dann
nach und nach Gemüsebrühe dazugeben und unter stetem Rühren immer wieder
einkochen lassen. Erst Flüssigkeit nachgießen,
wenn die letzte Fuhre verkocht ist. So gart der
Reis und wird schön schlotzig. Ist der Reis so,
wie ihr ihn gern esst, die Butter und den Käse
sowie das saisonale Gemüse unterrühren.

Wer es etwas intensiver mag, kann statt
Gemüsebrühe beim Spargel z. B. Spargel-
wasser verwenden oder bei den Pilzen getrocknete Pilze zum Reis geben und mitgaren. Mit
Kindern halte ich das Rezept allerdings immer
lieber etwas simpler.

MITTWOCH

Selbst gemachte Pommes-Variationen

FÜR 4 PERSONEN

FÜR DIE POMMES	FÜR DIE MAYONNAISE MIT TOFU	MIT AVOCADO
• 500 g Süßkartoffeln	• 150 g Seidentofu	• 2 Avocados
• 1 kg Kartoffeln	• 50 ml Rapsöl	• Wasser
• Wasser	• Etwas Saft von 1 Zitrone	• Olivenöl
• Olivenöl	• Salz	• Etwas Saft von 1 Zitrone
• Paprikapulver	• frisch gemahlener schwarzer Pfeffer	• Salz
• Salz		• frisch gemahlener schwarzer Pfeffer

Die Kartoffeln in Stifte oder Spalten schneiden und mit ein wenig Wasser in einer Schüssel durchmischen, anschließend auf einem Blech verteilen. Etwa 3 Esslöffel Olivenöl darüber geben. Die Pommes im vorgeheizten Ofen ca. 15 Minuten bei 220 °C Umluft knusprig backen. In einer Schüssel Salz und Paprika vermischen, die fertigen Pommes dazugeben. Ordentlich durchrütteln und fertig!

Für die Tofu-Mayonnaise die Hälfte des Seidentofus in einen Mixer oder mit einem Stabmixer fein pürieren. Das Öl in einem dünnen Strahl während des Mixens einlaufen lassen, bis eine dicke, cremige Konsistenz erreicht ist. Mit Zitronensaft, Salz und Pfeffer abschmecken.

Für die Avocado-Mayonnaise die Avocados halbieren, entkernen und das Fleisch ebenfalls pürieren. Während des Pürierens langsam Wasser zugeben, bis eine cremige Konsistenz entsteht. Nach Belieben etwas Olivenöl untermischen. Mit Zitronensaft, Salz und Pfeffer abschmecken.

„Wenn man noch gekochte Kartoffeln vom Vortag übrig hat, kann man diese auch wunderbar in ein geöltes Waffeleisen geben. Kräftig drücken und knusprig werden lassen und schon hat man selbst gemachte Gitter-Pommes.

DONNERSTAG

Brokkoli-Erbsen-Suppe
FÜR 4 PERSONEN

- 700 ml Wasser
- 300 g Brokkoliröschen
- 160 g Erbsen (TK)
- 2 kleine Zwiebeln
- 30 g grüne Pistazienkerne
- 110 ml Kokosmilch
- 2 TL Salz
- 2 TL frisch gemahlener schwarzer Pfeffer
- 2 TL Ingwerpulver

FREITAG

Kartoffelpüree mit Fisch und Karottensalat
FÜR 4 PERSONEN

- 500 g frischer Fisch oder aus der Tiefkühltruhe

FÜR DAS KARTOFFELPÜREE
- 2 kg Kartoffeln
- Butter
- Milch

FÜR DEN KAROTTENSALAT
- 300 g Karotten
- 1 Apfel
- 1/2 Zitrone
- Salz

Das Wasser in einem Topf aufkochen. Die Brokkoliröschen und die Erbsen zugeben und 4-6 Minuten köcheln lassen. Die Zwiebeln schälen, sehr fein würfeln und in die Suppe geben. Dann die Pistazienkerne und die Kokosmilch zugeben. Mit Salz, Pfeffer und Ingwerpulver abschmecken. Alles pürieren, bis eine cremige Konsitenz entsteht. Ggf. noch mal nachwürzen.

Kartoffeln schälen und in Salzwasser (kräftig salzen!) kochen, bis sie zerfallen. Dann mit etwas Milch und Butter stampfen.

Für den Karottensalat die Karotten und den Apfel reiben, mit Zitronensaft und Salz abschmecken.

Den TK-Fisch nach Packungsanleitung garen. Frischen Fisch mit Olivenöl beträufeln, Salz und Pfeffer darüber geben und mit Kräutern in ein Stück Backpapier einwickeln, dann für 15-20 Minuten bei 180 °C (Umluft) im Backofen garen.

SAMSTAG

Geröstete Orangen-Karotten mit Quinoa, Joghurt und Granatapfel

FÜR 4 PERSONEN

- 2 Bund gemischte dünne Karotten
- 2 unbehandelte Orangen
- 10 EL Olivenöl
- 2 EL flüssiger Honig
- 160 g bunte Quinoamischung
- 250 g Joghurt
- Saft von 1 Zitrone
- 2 Granatäpfel
- 2 Stängel Thymian, nach Belieben
- Salz
- frisch gemahlener schwarzer Pfeffer

Den Backofen auf 180 °C (Umluft) vorheizen. Die Karotten schälen, dabei etwas Grün stehen lassen, der Länge nach halbieren und in eine ofenfeste Form legen. Die Orangen in Spalten schneiden und dazulegen.

In einer Schüssel Olivenöl, Salz, Pfeffer und Honig vermischen. Das Dressing über die Orangen-Karotten geben, alles kurz durchmischen. Das Gemüse 15–20 Minuten im Ofen schmoren, die Karotten sollten noch Biss haben. Inzwischen die Quinoa nach Packungsanleitung garen.

In einer Schüssel Joghurt und Zitronensaft verrühren und mit Salz und Pfeffer abschmecken.

Die Granatäpfel halbieren, die Samen herauslösen und säubern.

Die Quinoa fünf Minuten vor Ende der Backzeit über den Karotten verteilen, das Ganze weiterbacken. Den Thymian waschen und trocken schütteln.

Den Joghurt und die Granatapfelsamen über die fertigen Karotten geben. Nach Belieben auf jede Portion einen halben Stängel Thymian legen.

SONNTAG

Gegrillte Waffelsandwiches mit Mozzarella, Tomaten & Rucolapesto
FÜR 4 PERSONEN

FÜR DEN TEIG
- 2 Eier, Größe M
- 300 ml Milch
- 240 g Mehl
- 2 TL Backpulver
- 100 g Butter
- frischer Rosmarin
- 1 Prise Salz
- Olivenöl zum Ausbraten

FÜR DAS PESTO
- 2 Bund Rucola (etwa 140 g)
- 400 ml Olivenöl
- 2 EL Pininenkerne
- 2 Handvoll frisch geriebener Parmesan
- Salz
- frisch gemahlener Pfeffer
- 2 EL Honig

FÜR DEN BELAG
- 2 Bund Rucola (etwa 140 g)
- 4 Mozzarella
- 8 große Tomaten
- Olivenöl zum Beträufeln

Für den Teig in einer großen Schüssel Eier und Milch verrühren. In einer weiteren Schüssel Mehl, Backpulver und Salz vermischen. In einem kleinen Topf die Butter bei niedriger Temperatur schmelzen und lauwarm unter den Teig rühren. Die Rosmarinnadeln abstreifen, fein hacken und unterheben. Den Teig 30 Minuten zugedeckt im Kühlschrank gehen lassen.

Für das Pesto alle Zutaten zu einem glatten, cremigen Pesto pürieren.

Für den Belag den Rucola waschen, trocken schleudern und beiseitelegen. Den Mozzarella in Scheiben schneiden. Die Tomaten waschen und in Scheiben schneiden.

Öl in einer Grillpfanne erhitzen und portionsweise Teig hineingeben und gleichmäßig verteilen, sodass eine etwa handtellergroße Waffel entsteht. Diese von beiden Seiten goldgelb grillen. Wiederholen bis der Teig aufgebraucht ist. Für vier Personen sollten zwölf Waffeln eingerechnet werden. Die Waffeln nach Belieben zu »Pizzastücken« zurechtschneiden. Die fertigen, noch heißen Waffeln mit Rucola, schichtweise Tomaten- und Mozzarellascheiben sowie Pesto belegen. Etwas Olivenöl darüber träufeln. Zwei Lagen schichten und zum Schluss eine weitere Waffel obendrauf legen.

„ Statt Waffelteig kann man auch
prima Toast oder ein leckeres Sauerteig-
brot verwenden. Der Profi legt noch
Backpapier auf Waffeleisen oder Sandwich-
maker, damit der verlaufene Käse nicht
das ganze Eisen verklebt.

Der 4-mal-2-Wochenplan

Sich jede Woche aufs Neue hinzusetzen und Rezepte für die Woche rauszusuchen, kostet zwar weniger Zeit, als sich jeden Tag neu zu überlegen, was es gibt, aber es ist trotzdem aufwendig. Stattdessen kann man auch einen Plan für zwei Wochen erstellen – und den dann wiederholen. Klingt nach »Es gibt immer dasselbe«?

Dann lasst uns das mal durchrechnen:

Wenn ich einmal pro Quartal, also alle drei Monate, einmal einen Wochenplan für zwei Wochen erstelle, gibt es genau sechsmal in drei Monaten das Gleiche zu essen. Das kommt ohne Wochenplan garantiert aber mindestens genauso oft vor. Alle drei Monate wechselt man den Wochenplan aus, da sich ja auch die Saison für Obst, Gemüse und Fleisch ändert.

Bei diesem System bedeutet das, viermal im Jahr einen Wochenplan für 14 Tage zu erstellen. Dazu kann man die Rezepte ausdrucken oder die Seiten im Kochbuch entsprechend markieren. Am besten hängt der Essensplan für alle gut sichtbar am Kühlschrank und daneben wird eine Klarsichthülle mit den Rezepten befestigt. Man kann sogar die Einkaufslisten für die Wochen vorbereiten und diese müssen dann nur noch entsprechend für die aktuelle Woche ergänzt werden.

BUCH-TIPPS

In diesen Büchern findest du tolle Rezepte für die ganze Familie

▼

Organic Cooking – Das Familienkochbuch von Sabine Huth-Rauschenbach

▼

1 x kochen für ALLE von Julia Radke

▼

Schnell und gesund kochen von Veronika Pachala

▼

Die grüne Küche für jeden Tag von David Frenkiehl & Luise Vindahl

---

Wer mag, kann sich so über die Zeit auch hier wieder ein richtiges kleines Familienkochbuch zusammenstellen. Besonders kleine und etwas mäkelige Esser mögen es häufig, wenn sie sich darauf einstellen können, was es wann zu essen gibt. Als Kategorien bieten sich wie beim Wochenplan auch hier folgende an: Nudeln, Reis, Kartoffeln, Suppe, Fisch/Fleisch, Gemüse, Teig (z. B. Quiche, Pizza, Wraps, Quesadillas usw.)

<u>Ist das denn so auch ausgewogen genug?</u>

DR. MATTHIAS RIEDL
ist Ernährungsmediziner und
ärztlicher Leiter des Medicum
Hamburg. Er teilt sein Wissen als
E-Doc in der NDR-Reihe
»Die Ernährungs-Docs« und ist
u. a. Autor des Buches »Die Macht
der ersten 1000 Tage«.

**Was brauchen Kinder, um gesund zu wachsen, und wie sollte
ein abwechslungsreicher Ernährungsplan aussehen? Dr. Riedl rät hierbei
zu einer optimierten Mischkost:**

▼
kalorienfreie Getränke
(Wasser, ungesüßter Tee)

▼
täglich viel Gemüse

▼
zuckerarmes Obst
(Banane und Weintraube meiden)

▼
Öle mit günstigem Fettsäureverhältnis
(Raps-, Lein-, Hanf-, Oliven-, Nussöl)

▼
Vollkornprodukte

▼
Handvoll Nüsse

▼
In Maßen tierische Lebensmittel wie:
mageres Fleisch, Joghurt und Quark,
regelmäßig Eier und Fisch

▼
So wenig prozessierte Produkte wie möglich:
Fruchtjoghurt, Wurst, Tiefkühlpizza meiden

▼
Keine ultraverdichteten Nahrungsmittel,
darunter versteht man prozessierte
Nahrungsmittel, wie z. B. Fertiggerichte

Life-Hacks:
Es darf auch mal einfach sein!

Hat man erst einmal den Essensplan ein wenig für sich optimiert, ist schon viel geschafft. Aber wie wir im Kapitel Mental Load bereits erkannt haben, sind es häufig die kleinen Dinge, die uns besonders stressen oder Zeit fressen. Ich habe in der Recherche für dieses Buch mit vielen Familien darüber gesprochen, was sie besonders stresst bzw. was viel Zeit kostet und oft vergessen wird.

Kuchen backen für Geburtstage, Basare, Feste, Frühstücke und so weiter

Wenn man gebeten wird, einen Kuchen mitzubringen, kann man diesen selbst backen. Das dauert dann inklusive Einkauf ca. zwei Stunden. Manche Menschen empfinden das als Freude oder sogar Entspannung, diese sollten unbedingt dabei bleiben. Eine Freundin hat diesen Prozess in so weit optimiert, dass sie immer den gleichen Kuchen backt und die Zutaten dafür auch immer im Haus hat – sie meinte einmal, man kann sie nachts wecken und sie kann das Rezept so runterrattern, wahrscheinlich könnte sie es auch im Schlaf backen, wenn sie denn mal schlafen würde, mit zwei Kindern unter zwei. Man darf es sich aber auch durchaus ein wenig leichter machen.

Backmischungen können Leben retten
Mein Mann liebt Donauwelle. Und als wir noch keine Kinder hatten, habe ich ihm mit viel Liebe jedes Jahr eine Donauwelle zum Geburtstag gebacken. Nun gehört Donauwelle nicht gerade zu den Rezepten, die besonders schnell gehen. Es ist ein eher aufwendiger Kuchen – für den es auch eine prima Backmischung gibt, wie ich im ersten Jahr mit unserer Tochter feststellte. Backmischungen werden immerhin selbst zusammengerührt und in den Ofen geschoben. Man kann sie liebevoll dekorieren und alle sind glücklich. Ich habe auch immer eine Backmischung für Schokomuffins im Schrank. Damit kann man ruckzuck Muffins, Kuchen oder was auch immer zaubern, selbst wenn einem abends im Bett einfällt, dass am nächsten Morgen das Kitafest ist.

Fertigkuchen: leichter wird es nicht mehr
Man darf es sich auch noch ein wenig leichter machen und einfach einen fertigen Kuchen kaufen. Besonders Kinder wünschen sich oft nichts sehnlicher als die Benjamin-Blümchen-Torte aus dem Kühlregal. Einen etwas schlichteren gekauften Kuchen kann man auch ganz leicht verwandeln und er sieht spektakulär aus.

Regenbogenkuchen

• *Lust auf Kuchen* »Feiner Apfel«
aus der Conditorei
Coppenrath & Wiese
• bunte Schokolinsen
• Marshmallows
• nach Belieben Wolkenkerzen

FÜR DIE BUTTERCREME
• 250 g weiche Butter
• 500 g Puderzucker
• 1 TL Vanilleextrakt
• Lebensmittelfarbe
in Blau

Den *Lust auf Kuchen* aus der Verpackung nehmen und nach Anleitung auftauen lassen.

Währenddessen die Buttercreme zubereiten: Die Butter mithilfe eines Mixers 4–5 Minuten cremig schlagen. Das Vanilleextrakt hinzugeben und kurz verrühren. Den Puderzucker hineinsieben und so lange rühren, bis eine Creme entstanden ist. Zum Schluss die Lebensmittelfarbe hinzufügen und vermengen, bis die Creme komplett koloriert ist.

Den Kuchen halbieren und auf zwei kleinen Tortenplatten oder kleinen Tellern hochkant platzieren.

Die Buttercreme um die beiden Kuchenhälften streichen, sodass sie vollständig bedeckt sind. Die Schokolinsen farblich sortieren und jeweils regenbogenartig auf den Vorderseiten platzieren und dabei leicht andrücken. Marshmallows als Wolken locker an die Enden des Regenbogens auf die Tortenplatte legen.

Nach Belieben Wolkenkerzen oder Happy-Birthday-Kerzen in die Rundung des Regenbogenkuchens stecken.

Tipp: Auf kuchenkult.de findest noch viele weitere tolle Rezeptideen.

Rezept und Foto: kuchenkult.de
von Coppenrath & Wiese

Die Geschenke-Box für Kindergeburtstage, Erzieher:innengeschenke und schnelle Geburtstagsideen

Es klingt immer so schnell gemacht: Ein Geburtstagsgeschenk besorgen. Meistens geht es aber damit einher, dass man abklären muss, was sich das Kind wünscht, das Geschenk muss gekauft und einpackt werden und eine Karte sollte auch noch dabei sein. Das Gleiche gilt übrigens auch für Geschenke für Erwachsene, auch das ist nicht weniger aufwendig. Eine recht praktische Idee ist daher eine Geschenkebox. Bei Kindern sind gewisse Dinge oft eine ganze Weile angesagt: Schleichtiere, Sticker, Bälle, Schleim, Gummitwist oder Haarspangen. Davon kann man einen gewissen Grundstock besorgen. Beim nächsten Kindergeburtstag greift man einmal in die Kiste und packt das Geschenk ruckzuck ein – wenn nicht explizit etwas anderes gewünscht wurde. Wer es sich noch leichter machen möchte, stellt kleine Geschenktütchen in die Box, Geschenk rein, Schleife mit Geschenkanhänger drum, fertig. Wer seine kreative Ader ausleben möchte, kann an einem regnerischen Sonntag auch mal braune Papiertüten mit den Kindern mit Wasserfarben anmalen. Sieht furchtbar aufwendig und selbst gemacht aus.

Für Erwachsene kann man die Geschenke sogar schon einpacken. Ich verschenke zum Beispiel gerne Eisparty-Sets. Das ist eine Mischung für ein Grundeis, das man ohne Eismaschine selbst machen kann, das gibt es z. B. von Luicellas **www.luicellas.de**. Dazu noch ein paar Toppingideen wie salzige Karamellsoße oder Schokosplitter und fertig ist das Geschenk. Man kann auch noch Eiswaffeln oder einen Portionierer dazulegen, wenn man es etwas größer mag. Das kann als Set fertig eingepackt auf den nächsten Geburtstag warten. Und es beschwert sich sogar niemand, wenn man es doppelt bekommt, macht nämlich immer wieder Spaß und kann auch als gemeinsames Event verschenkt werden. Funktioniert übrigens auch mit Weihnachtsgeschenken und Adventskalenderbefüllung, sobald man über das Jahr verteilt etwas sieht, was passen könnte, ab damit in die Geschenkebox. Im Idealfall mit einem kleinen Post-it daran, für wen oder welchen Anlass (Adventskalender) man es besorgt hat, falls es nicht generell einzusetzen ist.

Gleiches gilt auch für Postkarten. Davon sollte man immer ein paar neutrale zu Hause haben, um sie als Geburtstagskarte oder als Dankeschön für die Kitaerzieherin, oder was sonst ansteht, zu verwenden. Dazu noch ein Set Umschläge und ein Streifen Briefmarken. Spart unheimlich Zeit und Nerven!

Einfach mal liefern lassen
statt selber laufen

Viele große Supermärkte bieten heute Lieferservices an, ab einem gewissen Einkaufspreis ist dies sogar kostenlos. Sonntags beim Tatort mal schnell den Wocheneinkauf in die Tasten hauen und schon hat man seine Ruhe – das Beste: Das System speichert die Listen, beim nächsten Einkauf kann man sie einfach anpassen. Fertig. Und wer den 4-mal-2-Wochenplan verfolgt, ist so mit seinem Einkauf in nicht mal einer halben Stunde durch. Weinflasche auf, Füße hoch! Lieferservices bieten natürlich die großen Händler wie Amazon und Rewe an, es gibt aber auch ein paar spannende, kleinere Alternativen:

Etepetete: Eine Biobox mit gerettetem Obst und Gemüse. Die Box regt die Fantasie beim Kochen an, weil auch mal Sorten dabei sind, die man so gar nicht auf dem (Einkaufs-)Zettel hat, und das gerettete Gemüse ist manchmal herrlich krumm und bunt, toll für Kinder, um zu lernen, dass es nicht immer die schnurgerade orange Möhre sein muss.
www.etepetete-bio.de

Frischepost liefert beste saisonale Lebensmittel von Höfen und Manufakturen aus deiner Region zu dir nach Hause. Hier bestellst du deinen kompletten Wocheneinkauf und bekommst ihn klimaschonend bis vor die Haustür geliefert.
www.frischepost.de

Wer es noch bequemer mag und sich nicht einmal mehr die Mühe
der Bestellung machen möchte, kann weitere Abo-Modelle
nutzen, diese gibt es inzwischen für viele spannende Produkte.

Monatshygiene: Binden, Tampons und Co.
kommen in einem gewünschten Turnus ganz
bequem zu dir nach Hause, besonders schön,
wenn Mann und Kinder diese Artikel ausgesprochen ungern beim Einkauf mit aufs Band
legen und man am Ende doch selbst noch
mal los müsste. Manchmal sind es die kleinen
Dinge!
www.thefemalecompany.com

Putzmittel: Everdrop liefert Waschmittel, Putzmittel und Spülmaschinentabs in einem gewünschten Turnus zu dir nach Hause – und das
auch noch echt nachhaltig. Macht ein gutes
Gewissen und das Leben ein wenig leichter.
www.everdrop.de

Windeln: Bei Lillydoo kann man sich monatlich
Windeln und Feuchttücher per Abo nach Hause
liefern lassen. Man sucht sich die Größe raus,
die gerade benötigt wird, und kann diese auch
jederzeit anpassen. So einfach, so praktisch!
www.lillydoo.com/de

Das werde ich als Erstes umsetzen

1
2
3
4
5

Das plane ich im nächsten Monat

1
2
3
4
5

New Work:
Als Familie arbeiten

New Work, Job Sharing, Home Office und flexible Arbeitszeiten – das sagt dir erst einmal nichts? Dann ist dieses Kapitel genau das, was du jetzt brauchst. Wir schauen uns an, was du an deinem eigenen Mindset verändern kannst und wie ihr mit euren Arbeitgeber:innen neue, familienfreundlichere Wege beschreiten könnt – ohne dass eine:r in die Teilzeitfalle tappt.

4

Zunächst die gute Nachricht: 60 Prozent der Eltern mit Kindern unter drei Jahren fänden es ideal, wenn sich beide Elternteile gleichermaßen in Beruf und Familie einbringen könnten. [3]

Die Realität sieht aber, wie bereits im Kapitel » Mutter, Vater, Kind & Job?« besprochen, noch deutlich anders aus. Auch Kinder merken das, wie eine Umfrage der LBS 2011[4] ergab. Dort gaben 64 Prozent der befragten Kinder an, mit der Zeit, die ihre Mutter mit ihnen verbringt, zufrieden zu sein – für Väter konnten das nur 34 Prozent bestätigen. 16 Prozent gaben sogar an, einen dauerhaften Mangel in der zeitlichen Zuwendung der Väter zu empfinden.

Der Mangel an zeitlicher Aufmerksamkeit ist eng an die Anzahl der Wochenstunden geknüpft, die der Vater arbeitet. Eine Studie des Instituts für Demoskopie[5], zeigte auf, dass bei Vätern, die mehr als 50 Wochenstunden arbeiten, 57 Prozent nur einen kleinen Teil oder kaum etwas von der Kinderbetreuung übernahmen, bei Vätern, die 30–39 Wochenstunden arbeiten, gaben 67 Prozent an, etwas weniger als die Hälfte oder mehr der Kinderbetreuung zu übernehmen.

Ein Grundpfeiler für eine gerechtere Verteilung und eine bessere Vereinbarkeit von Beruf und Familie für beide Partner ist daher die Anzahl der Stunden, die für die Kinderbetreuung zur Verfügung stehen. Aber wie kann man diese denn nun gerechter verteilen? Was gibt es für neue Modelle? Damit wollen wir uns in diesem Kapitel beschäftigen.

---

[3] (In : Bessere Vereinbarkeit von Familie und Beruf durch eine neue Lohnersatzleistung bei Familienarbeitszeit. In: DIW Wochenbericht 46/2013.)
[4] (*Prokids (2011): LBS-Kinderbarometer Deutschland 2011. Was wir wollen! Stimmungen, Trends und Meinungen von Kindern aus Deutschland. Ergebnisse des Erhebungsjahres 2011, Projekt der LBS-Gruppe, hrsg. vom Institut für Sozialforschung der PROSOZ Herten GmbH, Herten.)
[5] (Allensbach (2015): Weichenstellung für die Aufgabenteilung in Familie und Beruf.)

»New Work« – was heißt das eigentlich?

„ Ich sehe kaum andere Role Models, die Arbeit und Leben ganzheitlich betrachten. Das hat mich anfangs auch so irritiert. Da kam immer die Rückmeldung ›Oh, das, was du machst, ist aber neu!‹ – Und ich dachte immer nur: Ich arbeite Teilzeit, teile mir einen Job und mache Dinge, von denen ich glaube, dass sie mich oder andere weiterbringen. Ist das wirklich SO neu?

ELLY OLDENBOURG
gehört zur Gen Y und hat einen multikulturellen Hintergrund. Seit über neun Jahren ist sie Managerin bei Google, davon vier Jahre in Teilzeit und im Jobshare. Sie ist nebentätig selbstständig, u. a. als Gastgeberin von Salons, Autorin und Speakerin. Elly ist Mutter von einem Sohn.
www.ellyoldenbourg.de

»Natürlich ist mir bewusst, dass bei Themen wie Jobsharing und flexiblen Arbeitszeiten oft nur von Menschen in einer Bürotätigkeit gesprochen wird. Ich glaube aber, wenn die Menschen, die dieses Privileg haben, gerade die, die in Unternehmen arbeiten, die groß Wirtschaft treiben und damit Einfluss wie Lobbys haben – wenn selbst diese Menschen nichts ändern, wird anderes Arbeiten und sich zeitliche wie räumliche Freiräume schaffen immer ein Privileg bleiben anstatt ein essenzieller und wertstiftender Beitrag zu einer guten Gesellschaft. Sonst gibt es in der Wirtschaft und der Politik ja niemals neue Role Models. Wenn wir so weitermachen und dieses ominöse »New Work« nur benutzen, um den Status quo zu erhalten, und dabei glauben, dass sich doch alles vereinbaren lässt, wenn wir nur »leaned in« genug sind, dann wird sich nichts ändern.

Ich möchte mehr Menschen dazu ermutigen, das ›New‹ in der ›New Work‹-Debatte aktiver mitzugestalten und mutigere Forderungen an uns selbst, unsere Arbeitgeber:innen und die Politik zu stellen. Seit Jahren setze ich mich für die Etablierung wirklich neuer Arbeits- und Lebensmodelle ein, die Mensch, Gemeinschaft und Planet im Fokus haben – und nicht den vermeintlichen Anspruch der Vereinbarkeit von allem.«

Seit ein paar Jahren geistert der Terminus »New Work« durch Medien und Arbeitswelt, das Ziel ist dabei jedoch oft missverstanden. Während manche Unternehmen einen Obstteller und laktosefreie Milch zum Kaffee reichen und sich jetzt glückliche Arbeitnehmer:innen wünschen, ist das Konzept von »New Work«-Urvater Frithjof Bergmann eigentlich ein anderes. Sein Ziel ist es, durch eine neue Art Arbeit und Leben zu verbinden. Es geht um eine ganzheitliche Betrachtung – seine wichtigste Frage ist dabei: Wie geben wir unserer Zeit einen Wert? Dafür betrachtet man zunächst seinen Alltag: Was leiste ich den ganzen Tag? Welche Jobs habe ich denn den ganzen Tag, neben dem, was auf meiner Visitenkarte steht?

Stell dir eine Torte mit 4 Stücken vor, wie groß wären die Stücke, wenn du dir die vier im Kasten genannten Bereiche vorstellst? Und wie sähe die Torte aus, wenn du es dir frei aussuchen könntest?

Um zu sehen, wie deine persönliche Verteilung und dein Ziel, das du dir wünschst, aussehen kann, kann eine Visualisierung in Form eines Moodboards oder eines Kreativbuches helfen. Eine Visualisierung soll etwas sein, was einen positiv bestärkt. Dabei ist es wichtig, die Methode zu wählen, bei der man sich am wenigsten kritisch anschaut. Man kann Gedanken aufschreiben oder Bilder finden, mit denen man in Resonanz geht, wichtig ist nur, dass man sich einfach selbst lässt, ohne da auch noch zu schauen, ob man das besonders gut formuliert hat, ob der Text Rechtschreibfehler hat oder das Bild richtig ausgeschnitten ist.

DIE VIER SÄULEN DES NEW WORK

Self Care

Care Work

Gesellschaftliches Engagement

Erwerbstätigkeit

Übung: Bergmanns vier Säulen des New Work

Wie sieht denn mein Verhältnis zwischen den Säulen aus und
wie fühle ich mich damit? Was mache ich eigentlich mit meiner Zeit?
Was gibt mir Energie und was raubt mir Energie?

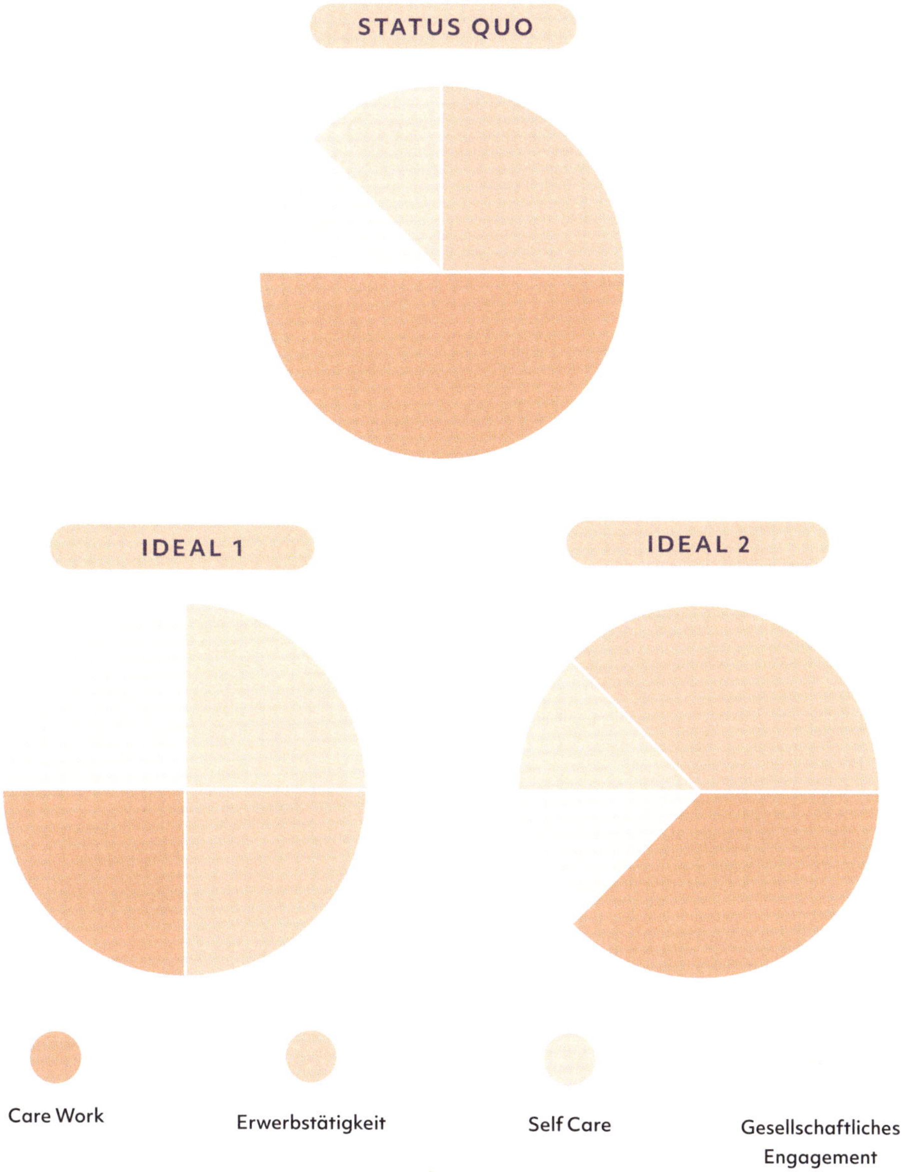

STATUS QUO

IDEAL 1

IDEAL 2

Care Work

Erwerbstätigkeit

Self Care

Gesellschaftliches
Engagement

89

Ein Moodboard erstellen

Ein Moodboard beinhaltet Bilder, Zitate, Ideen, die dich für deine Ziele inspirieren. Ein Moodboard kann analog erstellt werden. Dabei sammelt man aus Zeitschriften und Co. Inspirationen und schneidet sie aus, man kann aber natürlich auch Inspirationen ausdrucken, die man online gefunden hat. Wichtig ist jedoch: Es geht nicht immer um konkrete Wünsche, es kann auch eine Vision kreiert werden. Ein Beispiel: Dein Ziel ist es vielleicht, im nächsten Jahr mehr Stunden zu arbeiten und neue Aufgaben in deinem Job anzugehen. Dann kannst du dir Bilder und Zitate raussuchen, die diesen Wunsch darstellen, oder positive Assoziationen, die du damit verbindest. Vielleicht sind das einzelne Bausteine deines Jobs, ein schöner Schreibtisch, ein Lunch mit Kollegen, was auch immer es ist, was du positiv damit assoziierst.

Dieses »Board« kann ein Blatt Papier, eine Pappe oder eine Pinnwand sein, man kann sich aber auch ein Kreativbuch erstellen. Wichtig ist, dass du dich mit dem Medium, mit dem du arbeitest, wohlfühlst.

Eine weitere Möglichkeit ist, das Moodboard digital zu erstellen. Ganz leicht geht das über Plattformen wie Pinterest.

Wenn du also mit deinem Moodboard genauer rausgefunden hast, was deine Ziele sind, dann stell dir doch einfach mal vor, du wärst schon da.

WERDE KREATIV

Neben Papier und Stift kannst du auch mit verschiedenen Materialien wie Wachsmalern, Tusche oder Ölfarben arbeiten, aber auch eine andere Haptik macht einiges her. Du kannst Tapetenreste aufkleben, farbiges Washitape, Stoffstücke, Ausschnitte aus Zeitungen oder Magazinen verwenden, vielleicht auch getrocknete Blumen oder Blätter. Je nachdem, in welchem Job du arbeitest oder welches Ziel du mit deinem Moodboard verfolgst, kann es ganz unterschiedlich aussehen.

" Eine Visualisierung soll etwas sein, was dich positiv bestärkt. Dabei solltest du die Methode wählen, bei der du dich am wenigsten kritisch anschaust. Du kannst Gedanken aufschreiben oder ein Moodboard erstellen, wichtig ist nur, dass du dich selbst einfach lässt und dabei nicht auch noch schaust, ob du besonders ›gut‹ darin bist.

LET IT GO

Wenn du deine Gedanken lieber schriftlich sortierst, versuche sie einfach mal loszulassen, denk nicht über Rechtschreibung, Satzbau und Komma-setzung nach, sondern schreib einfach, dabei entstehen manchmal die tollsten Ideen!

Übung: Potenzialsicht

„ Es ist manchmal leichter, aus der Potenzialsicht auf etwas zu blicken und nicht aus der Angstsicht.

NINA PETTENBERG

ist Mama von zwei Jungs und seit 12 Jahren ausgebildeter Inner-Balance-Coach, zertifizierte Trainerin, leidenschaftliche Mentorin und Podcasterin. Der Podcast SOULFUL richtet sich an Frauen, die mit Herz und Seele ein sinnerfülltes Leben kreieren möchten.
www.nina-pettenberg.de

Stell dir vor, du hast mit Chef oder Chefin ein klärendes Gespräch geführt und deine Position im Unternehmen so wieder verbessert. Du hast dich selbstständig gemacht, deine Stunden reduziert oder auch aufgestockt. Okay, hast du das Bild vor Augen? Kannst du dir ungefähr vorstellen, wie es sich anfühlt, angekommen zu sein? Sehr gut.

Jetzt blick zurück und schau, welche Schritte waren nötig, um dahin zu kommen, wo es dir besser geht. Die Idee ist, rückwärts denkend einen Plan aufzustellen, wie du dein Ziel erreichen kannst. Wichtig ist dabei, in kleinstmöglichen Schritten zu denken – und sich klar zu werden, was oder wen brauche ich jetzt, um diesen Schritt gehen zu können. Je kleiner die Schritte sind, desto leichter kann man sie auch umsetzen.

Ein eigener Plan:
was, wann, warum
ändern?

Mit dem Partner
sprechen, ihn/sie
ins Boot holen

Gemeinsam planen:
Wie kriegen
wir das zeitlich hin?

Gespräch mit Kita:
Betreuung aufstocken

Gespräch mit
deinem Chef

Du hast dein Ziel
erreicht: Arbeitszeit
von 25 auf 30 Stunden
aufgestockt

!

Jetzt wissen wir also, wo wir hinmöchten und was wir uns für
unsere Zukunft wünschen, vielleicht auch schon, wie wir diesen Weg
gehen könnten. Aber welche Modelle für diese neuen Ideen und
Ziele bietet die neue Arbeitswelt denn noch?

Flexible Arbeitszeitmodelle

Unter flexiblen Arbeitsmodellen versteht man Arbeitsmodelle, die abseits von 8 Stunden Präsenzarbeitszeit an der Arbeitsstelle funktionieren.

Bei der Suche nach einer Lösung für die Vereinbarkeit in einer Familie denken viele zunächst an eine Reduktion der Arbeitszeit. Schließlich haben die zuvor genannten Studien ja auch genau das belegt. Wenn beide weniger arbeiten, bleibt mehr Zeit für die Familie. Und alle sind glücklicher. Oder nicht? Fakt ist, viele Frauen und Männer wollen gar nicht weniger arbeiten – nur flexibler, an ihre Bedürfnisse angepasst und so, dass es für ihre Familie passt.

Der Status quo in vielen Firmen war bisher: Das ist deine Arbeitszeit, in der hast du an deinem Arbeitsplatz zu sitzen und deine Arbeit zu verrichten. Dann kam die Corona-Pandemie und Familien mussten Kinder und Arbeit zu Hause jonglieren – ob sie das nun wollten oder nicht. Viele Arbeitgeber:innen einigten sich in dieser besonderen Zeit der Lockdowns auf eine sogenannte »Kernarbeitszeit«, in der Besprechungen und Meetings stattfinden und in der Arbeitnehmer:innen auf jeden Fall erreichbar sein sollten. Der Rest der Arbeitszeit durfte flexibler gelegt werden, je nachdem wie es mit der Kinderbetreuung am besten machbar war. Aber wäre das nicht auch ein Modell, das ohne Pandemie ziemlich gut funktionieren könnte? Warum nicht einen anderen Arbeitsrhythmus finden, morgens sechs Stunden Mails und Meetings, nachmittags drei Stunden Kinder und dann noch mal zwei Stunden an den Rechner. Das bietet gleich zwei große Vorteile: Der bzw. die Arbeitgeber:in bekommt statt einer Teilzeitkraft eine Vollzeitkraft, weil sich die Arbeit so mit ihrem Familienleben vereinbaren lässt. Besonders gerecht ist es natürlich, wenn beide Partner dieses Modell wählen und man immer im Wechsel einen Tag flexibel, einen Tag konventionell arbeitet. Wenn das dazu beiträgt, die Arbeitslast anders zu verteilen und auch die Zeit mit der Familie so zu legen, dass jeder mal einen Nachmittag mit den Kindern hat, sorgt das für deutlich mehr gelebte Vereinbarkeit in der Familie. Care-Arbeit und Erwerbsarbeit können so gleichmäßig verteilt werden.

Und man kann sich wieder viel mehr in den jeweiligen Alltag des anderen hineinversetzen! Mein Mann holt z. B. immer dienstags unsere Tochter von der Kita ab und sie haben einen Papa-Tochter-Nachmittag. An dem Tag arbeite ich lang, habe also einen ganz regulären 8-Stunden-Tag. Wenn ich dann aus dem Arbeitszimmer komme und direkt in den Abendessen-Kinder-Kosmos eintauche, finde ich es manchmal sehr anstrengend, weil es eben meistens die Phase ist, in der es eher mal knatscht. Das Kind ist hungrig, müde, es müssen die unliebsamen Sachen wie Zähne putzen und Haare kämmen erledigt werden. Es fehlt der gemütliche Teil, in dem man nach der Kita spazieren gegangen ist und noch ein Eis gegessen hat.

— PROFITIPP —

" Oft ist durch eine flexiblere Handhabung der Arbeitszeiten der Drang nach einer Stundenreduktion gar nicht mehr so groß. Auch für Arbeitgeber ist es ja eine schöne Möglichkeit, dass gute Kräfte mit mehr Stunden wiederkommen und damit mehr Arbeitszeit und Kraft zur Verfügung stellen.

JANA TEPE

ist Mitbegründerin und Geschäftsführerin von Tandemploy. Tandemploy entwickelt Software, die Firmen auf ihrem Weg zu einer vernetzten Organisation unterstützt. Mit smarten Algorithmen matcht die SaaS des Berliner Unternehmens Mitarbeiter:innen innerhalb von Firmen für alle Arten von »New Work« und Kollaboration: Onboarding, (Reverse) Mentoring, Jobrotation, Jobsharing oder Co-Leadership, innovative Projekte, Working Circles, Peer Learning, Kaffee-Dates und vieles mehr.
www.tandemploy.de

Wenn ich mir jetzt vorstelle, dass die meisten Väter immer nur diese Knatschphase abends miterleben, entgeht ihnen der entspannte Teil des Tages. Auf der anderen Seite sagt mein Mann nach so einem Dienstag auch oft, wie anstrengend er es findet, ohne Mittagspause vom Schreibtisch aufzuspringen, schnell zur Kita zu fahren, dort das Anziehdrama in der Umkleide, und bis man raus ist, ist man eigentlich schon wieder fertig mit der Welt – und dem Tag. Dann ist es aber meistens erst 15 Uhr und der Rest des Nachmittags liegt noch vor uns. Wenn es dann noch regnet, kann so ein Nachmittag einem auch ganz locker mal wie ein ganzer Tag vorkommen. Man ist in der Kinderbetreuung einfach zu hundert Prozent da. Man kann mit einem Kleinkind an einer Straße nicht mal fünf Minuten nicht aufpassen. In einem Meeting fällt das aber in der Regel keinem groß auf.

Für mich haben beide Tage ihre Vorteile und Nachteile, ihre anstrengenden Momente – und die entspannten. Und wenn jeder wieder beide miterlebt, ist viel mehr Verständnis da. Dann denke ich nicht nur: »Der kann jetzt entspannt mit Kolleg:innen Mittagessen und noch einen netten Kaffeeplausch an der Maschine halten«, sondern ich denke auch »Mensch, nach so einem anstrengenden Meeting, wo auch schon alle an einem gezerrt haben, kommt er jetzt nach Hause und wieder wollen alle sofort was von ihm.« Und wenn man dieses Verständnis füreinander hat, kann man auch wieder viel großzügiger miteinander sein. Mein Mann sieht nicht nur »Kaffeetrinken mit einer Freundin und die Kinder spielen praktisch alleine«, sondern er sieht eben auch das anstrengende Anziehen, die kleinen Streits und Konflikte, die fehlende Pause. Und so kann ich abends sagen: Komm erst mal rein, wie war denn dein Tag, ohne ihn direkt zu überfallen. Und er nimmt nach dreimal Durchschnaufen gern die Zeit mit dem Kind wahr und ich kann in Ruhe mit meinem Lieblingspodcast auf den Ohren das Gemüse fürs Abendbrot schnippeln.

Und wie funktioniert das jetzt praktisch?

Wenn der Arbeitgeber eher konservativ ist oder zum ersten Mal mit flexiblen Arbeitszeiten arbeitet, kann es eine Möglichkeit sein, über verschiedene Tools genau aufzuzeigen, wie und woran man gearbeitet hat. Flexible Arbeitszeit ist auch zu einem großen Stück Vertrauenssache, man kann seinem Arbeitgeber aber das Angebot machen, ihm durch solche Tools zumindest für den Start eine gewissen Transparenz zu ermöglichen, damit er sich auch sicherer damit fühlt.

Man kann z. B. eine Zeiterfassungstabelle anlegen und akribisch führen (siehe Seite 44). Man kann Chatprogramme wie Slack verwenden und dort eine gewisse Anwesenheitspflicht zu den Erreichbarkeitszeiten einführen. Eine weitere Möglichkeit ist es, den eigenen Kalender zugänglich zu machen: Dort können Termine und die Momente, in denen man nicht verfügbar ist, eingetragen werden. So wissen alle im Team, wann wer wo und wie zu erreichen ist.

─── PROFITIPP ───

Andrea Griesinger, Partnerin bei Upgrade, ist nach ihrer Elternzeit in Teilzeit in ihren Job in einer großen Beratung zurückgekehrt. Ihr hat es vor allem geholfen, sich selbst klarzumachen, wie ihre neue Situation aussieht.

ANDREA GRIESINGER

ist Partnerin bei dem Beratungsunternehmen Upgrade Organisationsentwicklungspartner. Neben dieser Tätigkeit ist sie Dozentin an der Frankfurt School of Finance and Management und engagiert sich außerdem für die Vereinbarkeit von Karriere und Familie als Vorständin bei den Working Moms sowie für die Förderung von Frauenkarrieren in MINT-Berufen als Ambassadorin bei net4tec. Sie ist Mutter von zwei Kindern und lebt mit ihrer Familie in der Nähe von Frankfurt/Main.
www.upgrade-partner.de
www.workingmoms.de
www.net4tec.com

Andreas Tipps, um nicht in die Teilzeitfalle zu tappen

Sichtbarkeit und Vereinbarkeit

Überlegt, ob man statt fünf halbe Tage nicht lieber zweieinhalb oder drei ganze Tage arbeitet. Dann ist man an den Tagen sichtbar da und kann sich auch zum Mittag verabreden. Investiert unbedingt auch bei reduzierten Stunden Zeit in die informellen Treffen. Man sitzt an diesen Tagen in jedem anberaumten Meeting und ist voll für die Kolleg:innen greifbar. Hier sollte man als Familie kreativ werden und gemeinsam Ideen finden, wie diese Aufteilung Realität werden kann – kann auch das andere Elternteil seine Arbeitszeit reduzieren?

Ganz wichtig ist dabei das Verständnis für die Wertigkeit der Jobs – muss derjenige zurückstecken, der weniger verdient? Welche Relevanz und Identifikationskraft hat denn meine berufliche Identität für mich?

Grenzen setzen

Man hat in Teilzeit einen geringeren Stundensatz und bekommt auch weniger Geld. In vielen Verträgen sind Überstunden mit dem Gehalt abgegolten, da muss man aufpassen, dass man nicht an seinen 4 Tagen 50 Stunden arbeitet – dann ist man nämlich ganz schnell die unterbezahlteste Kraft im Unternehmen – und dann muss man sich ehrlich fragen: Wem mache ich hier eigentlich gerade was vor?

Engen Kontakt ins Unternehmen halten

Immer wieder mit der Führungskraft ins Gespräch treten und die Situation und die momentane Aufstellung im Job beleuchten und ggf. hinterfragen. Ein wenig wie im agilen Arbeiten: Das ist jetzt das Setting für die nächsten Monate und dann schauen wir noch einmal gemeinsam. Wichtig dabei: einen guten Draht zur Personalabteilung halten und netzwerken.

4
Rollenvorbilder im eigenen Unternehmen suchen

Je eher man jemanden findet, der ähnlich arbeitet und das aber vielleicht schon länger so handhabt, je eher hat man die Möglichkeit, sich etwas abzuschauen, zu vergleichen und eine:n Sparringspartner:in zu haben, den bzw. die man auch einfach mal fragen kann, wie er oder sie diese Herausforderung jetzt gerade meistert.

5
Kreativ sein und Lösungen anbieten

Man kann beispielsweise ein Tandem bilden mit einem Kollegen oder einer Kollegin. Dies kann sowohl bei Projektrollen gelingen als auch zur Erfüllung von Linienaufgaben. Richtig geplant und gelebt, ist das sowohl für das Tandem als auch für das Unternehmen eine Win-Win-Konstellation.

> **" Ich war vor der Geburt meiner Kinder als IT-Beraterin fünf Tage die Woche bei Kund:innen. Danach waren es drei Tage die Woche und zwei Tage war ich bei meinem Kind zu Hause. Das hat für meine Kolleg:innen also überhaupt keinen Unterschied gemacht. Als ich das für mich verstanden hatte und das auch genauso kommuniziert habe, nämlich dass ich jetzt zwei Projekte habe: die Kund:innen und mein Kind, hat sich für mich ganz viel aufgelöst.**
> ANDREA GRIESINGER

Was können Unternehmen tun?

Vereinbarkeit vorleben!

So sollte es normal sein, dass auch Väter ihr Handy auf dem Tisch liegen haben und die Ansage machen, ich gehe nur dran, wenn es die Kita ist, aber wenn es die Kita ist, muss ich eben auch drangehen, weil ich heute den Notfallabholdienst habe.

Fragen: Welche Zeiten sind für euch okay?

Nicht einfach davon ausgehen, dass die Eltern nach 16 Uhr nicht mehr in Meetings kommen, sondern fragen, wann es für alle günstig liegt.

Als Führungskraft gezielt die Väter ansprechen

Wie sieht es denn mit der Elternzeit aus, willst du nur die zwei Vätermonate nehmen? Wie habt ihr euch das denn zusammen vorgestellt? Nicht selbstverständlich davon ausgehen, dass der Vater einfach so weitermacht wie zuvor – proaktiv darauf zugehen!

Führungstandems besetzen:

Beide Tandems arbeiten 50–80 Prozent und besetzen so gemeinsam eine Führungsposition im Jobsharing. Führung hat nichts mit der im Unternehmen verbrachten Zeit zu tun, sondern ist eine Fähigkeit, die man haben muss.

Im Gespräch mit Marcus Reif

Was steht mir als Arbeitnehmer:in rechtlich nach meiner Elternzeit zu?

Nach dem Ablauf der Elternzeit haben Arbeitnehmer:innen ein Recht auf Weiterbeschäftigung beim Arbeitgeber. In der Regel sollten die Eltern nach der Elternzeit an ihren alten Arbeitsplatz zurückkehren dürfen. Durch das Teilzeit- und Befristungsgesetz spricht auch nichts gegen die Übernahme der vorherigen Aufgabe in Teilzeit.

Haben Sie Tipps für Rückkehrer nach der Elternzeit?

Nicht einlullen lassen! Bestehen Sie auf einer adäquaten Weiterbeschäftigung auf der alten Rolle oder einer vergleichbaren. Heute werden auch Kolleg:innen in Elternzeit, also in einem passiven Arbeitsverhältnis, regulär befördert. Das ist in den Köpfen mancher Dinosaurier auf Führungspositionen kaum vorstellbar.

Kann jeder seine Arbeitszeit reduzieren?

Durch das Teilzeit- und Befristungsgesetz kann jederzeit mit einer üblichen Vorlaufzeit eine Teilzeit bzw. Reduzierung der Arbeitszeit beantragt werden. Für den Arbeitgeber ist es nur schwer möglich, diesen Antrag zu versagen.

Sollte man Home Office direkt mit vereinbaren?

Home Office ist nicht gleich Home Office. Durch Corona ist das keine verhandelbare Masse, sondern wird Teil der normalen Arbeitsorganisation werden. Die aktuellen Arbeitsplatzkonzepte sind nicht vereinbar mit einer Pandemie. Wir werden mit Abständen und anderen Arbeitsplatzkonzepten arbeiten müssen, Home Office trägt dazu bei.

Haben Sie Tipps für Mütter, die sich bewerben – sollte man z. B. sein Kind direkt mit angeben?

Wie heißt es so schön: Wir leben im 21. Jahrhundert. Für Selektionsarroganz gibt es keinen Spielraum mehr, für Führungskräfte mit solcher Attitüde eigentlich auch keinen Platz mehr. Auf jeden Fall sollte man das Kind angeben. Kinder lassen Menschen wachsen. Einer meiner größten Sprünge in meiner Lernkurve war der Moment, als ich Vater geworden bin.

MARCUS REIF
ist HRler und Recruiter, er lebt Employer-Branding durch und durch. Er sagt über sich selbst, dass er mit Leib und Seele Personaler ist, Kommunikation, gute Nachrichten und einen guten Dialog schätzt. Er ist Vater von zwei Kindern.
www.reif.org

Jobsharing

Unter Jobsharing versteht man die Aufteilung eines Arbeitsplatzes, der normalerweise von einem Einzelnen besetzt ist, unter zwei oder mehreren Personen. Es teilen sich also mindestens zwei Personen eine Position.

Im Jobsharing in seiner Reinform würde man eine 100 %-Stelle zu gleichen Teilen an zwei Personen delegieren, die diese dann komplett gemeinsam besetzen und bewältigen, sich also wirklich eine Rolle teilen (Pure Jobshare).
    Faustregel: Je operativer ein Job ist, umso mehr muss man als eins auftreten, je strategischer ein Job ist, umso mehr kann man das aufteilen.

Eine andere, in der Praxis häufiger vorkommende Jobsharing Variante ist die, dass eine 100 %-Stelle mit zwei Personen besetzt wird, die unterschiedliche Stärken mitbringen. Diese beiden teilen dann die Aufgaben abhängig von ihren verschiedenen Charakteren und Stärken unter sich auf (Hybrid Jobshare).
    Ganz klassisch wäre die 50/50-Aufteilung einer 100 %-Stelle. In der Praxis sind durchaus aber auch andere Konstellationen zu beobachten: 30/70, 40/60, 20/80 – vieles ist denkbar. Auch muss es nicht immer in Summe auf 100 Prozent hinauslaufen. Ebenso üblich sind, insbesondere bei Führungspositionen, Aufteilungen von 60/60 oder 70/70. Hier wird dann insgesamt eben mehr als eine volle Stelle besetzt – und die zeitliche Überschneidung (z. B. an

einem gemeinsamen Wochentag) erleichtert die Arbeit oft. Diese Variante eignet sich besonders gut für Aufgabenbereiche, die zuvor mit nur einer Person völlig unterbesetzt waren und eigentlich mehr als eine 100 %-Stelle umfassen.

Besonders häufig finden sich Jobsharing-Konstellationen in der Pflege und im medizinischen Bereich. Besonders bei Ärztinnen und Ärzten werden Stellen immer häufiger schon als Jobsharing-Position ausgeschrieben.

ELLY OLDENBOURG

gehört zur Gen Y und hat einen
multikulturellen Hintergrund.
Seit über neun Jahren ist sie Managerin bei Google, davon vier Jahre
in Teilzeit und im Jobshare. Sie ist
nebentätig selbstständig, u. a. als
Gastgeberin von Salons, Autorin
und Speakerin. Elly ist Mutter
von einem Sohn.
www.ellyoldenbourg.de

»In meiner Elternzeit habe ich entschieden, so wie ich bisher gearbeitet habe – 5-Tage-Woche, 6 Wochen Urlaub –, möchte ich nicht mehr weiterarbeiten.

Ich möchte meine sieben Tage Wochenzeit, die mir zur Verfügung steht, aufteilen in drei Tage Corporate und angestellt, vier Tage Elly – was auch immer ich mit der Ellyzeit mache.

Ich habe mit sehr vielen Menschen gesprochen: Kolleg:innen, aber auch Freund:innen und Bekannten, und irgendwann in diesem Prozess fiel der Begriff Jobsharing.

Ich habe dann in meinem Unternehmen jemanden gesucht, der auch reduzieren wollte, und wir haben uns gefunden, haben gemerkt, das passt. Menschlich und auch von der Qualifikation und dem gemeinsamen Werteverständnis. Wir haben gemeinsam einen Pitch gemacht und nach einigen Verhandlungen und Gesprächen durften wir starten – erst mal als Experiment. Aber schnell wurde allen klar, man kann ja nur gewinnen. In Teilzeit fehlt man ja klassischerweise an bestimmten Tagen oder zu bestimmten Stunden. Wenn dann der Kunde anruft und etwas möchte, fehlt also eine Person. Beim Jobsharing hat man aber immer einen Back-up, sowohl aus Arbeitgeber:innen- und Arbeitnehmer:innen-Sicht als auch aus Sicht der Kund:innen. Ich kann, aber ich muss nicht nach meinen E-Mails schauen, sobald ich den Laptop zuklappe. Es entsteht einfach keine Lücke. Man komplementiert sich in den Skills, den Erfahrungen und den Qualifikationen, bleibt aber zwei Personen, die gemeinsam ein Projekt vorantreiben. Wenn die eine nicht da ist, entscheidet die andere und dann steht man auch gemeinsam hinter der Entscheidung, auch wenn man sie vielleicht selbst anders getroffen hätte.«

Im Gespräch mit Jana Tepe

Wie finde ich heraus, ob jemand vom Charakter und von der Qualifikation passt als Tandempartner:in?

Man sollte sich schon sympathisch sein. Die Chemie muss stimmen. Man muss nicht unbedingt Freunde werden, aber auf einer Wellenlänge sein. Ein ähnliches Verständnis einer Arbeitsbeziehung haben – wie eng man zusammenarbeiten möchte. Wenn einer z. B. über jeden Schritt und alle Details informiert sein möchte und die zweite sagt, ihr reichen Meilensteine, dann geht es zu weit auseinander. Man sollte auch besprechen, was man in den nächsten Jahren erreichen möchte. Möchten beide noch Karriere machen oder wo soll es in Zukunft hingehen, passt das mit der eigenen Motivation zusammen?

Das Wichtigste bei einer so engen Zusammenarbeit ist es, regelmäßig das Gespräch zu suchen und abzugleichen, ob man noch in die gleiche Richtung guckt.

Wie kann ich meine bestehende Stelle in ein Tandem umwandeln?

Wenn man seine Stelle in einem bestehenden Arbeitsverhältnis in eine Tandemstelle umwandeln möchte, sollte man zunächst mit seinem bzw. seiner Arbeitgeber:in sprechen und die Vorteile einer solchen Tandemposition herausstellen: doppelte Power, doppelte Köpfe, doppelte Erfahrung, doppelte Perspektive, doppelte Expertise – zwei, die sich in ihren Stärken ergänzen und gemeinsam viel mehr leisten können als einer allein. Das Vier-Augen-Prinzip – man hat immer zwei Leute, die noch mal drauf schauen. Und dann sollte man idealerweise auch schon jemanden präsentieren können, mit dem ein solches Vorhaben im Unternehmen möglich wäre.

Und bei der Bewerbung auf eine ausgeschriebene Vollzeitstelle?

Für eine Bewerbung bei einer in Vollzeit ausgeschriebenen Stelle sollte man sich am besten direkt als Tandem bewerben und dabei die Vorteile einer solchen Jobsharing-Besetzung noch einmal hervorheben. Ein Jobsharing ermöglicht ganz neue Formen der Flexibilität – zeitlich und bei der Position. Besonders Führungspositionen werden oft nicht in Teilzeit besetzt. Mit einem Jobsharing-Modell ist es aber durchaus denkbar, auch Vollzeit eine wichtige Führungsposition zu bekleiden.

JANA TEPE
ist Mitbegründerin und Geschäftsführerin von Tandemploy. Tandemploy ist angetreten, um neue und flexible Arbeitsmodelle in die Arbeitswelt zu bringen und dort zu etablieren.

Home Office

„In Sachen Home Office hat uns Corona Türen geöffnet. Quasi über Nacht hat sich da eine Entwicklung mit einer wahnsinnigen Geschwindigkeit vorangetrieben, von der vorher viele Unternehmen gesagt haben, dass es so nicht möglich ist. Die Unternehmen haben gemerkt, es geht total gut, die Menschen sind mindestens genauso produktiv im Home Office. Die Akzeptanz dafür ist unglaublich gestiegen.

JANA TEPE

Home Office bedeutet übersetzt nichts anderes als Heimarbeit, man verlässt also zum Arbeiten nicht das Haus, sondern setzt sich direkt dort an die Arbeit. In dem Wort steckt aber auch das Wort »Office«, ein Home Office richtet sich also in der Regel an Menschen, die ihren Job-Alltag an einem Schreibtisch verbringen oder ihren Job in den Möglichkeiten ihres Zuhauses erfüllen können. Das schließt ein, dass einem Arbeitswerkzeug wie Laptop und eine Verbindung zum Server vom Unternehmen zur Verfügung gestellt werden kann und man zu Hause die Voraussetzungen für das Verrichten der Arbeit hat.

Ein großer Vorteil des Home Office ist sicherlich die Einsparung von Wegen. Wenn man sonst im Durchschnitt 1,5 Stunden pro Tag Wegezeiten hat, sind das in einer Woche 7,5 Stunden und im Monat ca. 31 Stunden, die man als Arbeitnehmer:in mehr zur Verfügung hat.

In dieser Zeit kann man mal eine Überstunde dranhängen, Termine in die freien Zeitslots legen oder auch einfach mal in Ruhe einen Kaffee trinken.

Der wichtigste Faktor, der mit der Arbeit von zu Hause einhergeht, ist aber die flexiblere Aufteilung der Arbeitszeiten. Man kann morgens schon einmal ein bisschen was abarbeiten, dann das Kind in die Kita oder Schule bringen und sich danach direkt wieder dransetzen. Somit ist Zeit für eine längere Pause am Mittag oder einen früheren Feierabend.

Ich selbst arbeite seit sechs Jahren im Home Office und liebe diese Flexibilität sehr. Aber, und dieses Aber kennt jeder, der einmal im Home Office gearbeitet hat, man braucht eine ganz neue Art von Struktur und Abläufen, um die Bereiche Familie, Haushalt und Arbeit nicht den ganzen Tag zu vermischen und damit am Ende nichts so richtig zu tun.

,, **Im Home Office ist die größte Herausforderung, dass man sich nicht zu sehr ablenkt, noch schnell die Wäsche macht, hier Instagram checkt, da noch schnell eine Jeans kauft. Das ist der größte Feind im Home Office. Man muss seine Arbeit im Home Office genauso ernst nehmen, wie wenn man im Büro wäre, da würde man ja auch nicht schnell nach Hause fahren und eine Maschine Wäsche anstellen.**

ALEXA VON HEYDEN

ALEXA VON HEYDEN
ist Autorin für deutschsprachige Printtitel und führende Online-Magazine. Die SPIEGEL-Bestseller-Autorin (»Hinter dem Blau«, »Meine Sonne. Mein Mond. Meine Sterne«) und Gründerin des Mode- und Interior-Blogs ALEXA PENG | VILLA PENG lebt mit ihrem Mann und ihrer Tochter in Brandenburg.
www.alexapeng.de

3

Alles hat seine Zeit:

Ich habe mir meinen Tag in Zeiten eingeteilt, damit jeder Aspekt meines Lebens seine Zeit findet und nicht alles gleichzeitig abläuft. Sonst leidet entweder meine Arbeit, die Konzentration auf das Kind oder auch auf das Essen. Ganz wichtig außerdem: Nicht an dem Platz essen, an dem man arbeitet. Wenn man am Küchentisch arbeitet, an einem anderen Platz frühstücken oder Mittag essen.

4

Sperrzeiten im Handy einstellen:

Ich wechsele zwischen Bildschirmzeit und Offline-Zeit. Ich habe fixe Zeiten als Wochenrhythmus fest im Handy eingestellt. Vormittags ist mein Handy dunkel. Ich habe Favoriten eingestellt, die mich in der Zeit anrufen dürfen: Familie und die Kita.

Alexas Top 4 Home-Office-Tipps

1

Ordnung:

Bevor ich arbeiten kann, muss um mich herum eine gewisse Ordnung sein. Ich räume also erst einmal die Küche auf und richte meinen Arbeitsplatz her.

2

Rituale:

Aufräumen und eine schöne Tasse Kaffee sind mein kleines Ritual zum Arbeitsbeginn. Und genauso ein Ritual braucht man auch zum Arbeitsende. Ich setze mir ein zeitliches Ende, klappe den Laptop zu und gebe dann den Küchentisch auch wieder frei, sodass daran gegessen werden kann.

SPERRZEITEN SMARTPHONE

Bei den meisten Handys geht das unter: »Einstellungen, Bildschirmzeit«. Hier kann man allgemeine Bildschirmauszeiten einstellen. Während dieser Zeit sind nur von mir zugelassene Apps und Telefonanrufe verfügbar. Man kann aber auch einzelne Apps zeitlich in der Nutzung beschränken.

Alexa spricht in ihrem Interview einen sehr wichtigen Punkt an: Produktivität im Home Office. Spätestens seit Corona wissen die meisten Arbeitgeber:innen: Die Produktivität ist gleichbleibend, wenn nicht sogar höher im Home Office. Und genau hier muss man für sich ebenfalls aufpassen, sonst ist man nämlich ständig »on« und im Arbeitsmodus und der Feierabend stellt sich gar nicht mehr ein. Mein Weg sind feste Zeitfenster, die ich akribisch einhalte. Morgens bringt mein Mann unsere Tochter in die Kita, von 8:00–8:30 Uhr mache ich dann eine halbe Stunde Haushalt, 08:30–09:00 Uhr ist für mich zum Fertigmachen und Duschen reserviert. Um 9 Uhr sitze ich mit meinem Müsli am Rechner und verschaffe mir einen ersten Überblick. Mit dem ersten Kaffee nach dem Müsli schreibe ich meine To-do-Liste für den Tag und priorisiere die anstehenden To-dos. Jeder sollte dabei seine Stärken und Schwächen kennen. Während Alexa »Schluck die Kröte« empfiehlt, also die Aufgaben, die man am wenigsten mag, zuerst zu erledigen, steht bei mir die Kreativität immer vorn. Ich kenne mich, mein Kreativhoch ist morgens, da kann ich am besten schreiben, Interviews führen und Gedanken zusammenbringen. Nach etwa zwei Stunden Schreibzeit brauche ich eine Pause und mache Büroaufgaben wie Mails, Buchhaltung oder Projektpläne und Kalkulationen. Nach dem Mittag geht es mit Schreiben

weiter, und wenn noch Zeit ist, schließe ich wieder mit Aufgaben ab, die keine große kreative Leistung von mir erfordern. So muss jeder seinen Rhythmus finden, der für ihn funktioniert, das fällt im Home Office deutlich leichter, weil man Störungen viel besser selbst steuern kann. Während im Büro mitten im Gedanken plötzlich der Kollege am Tisch steht, kann man während einer intensiven Konzentrationsphase zu Hause die Mails und Messenger einfach ausstellen und sich Zeit im Kalender blocken.

Arbeit sichtbar machen

Bei flexibleren Arbeitsmodellen oder im Home Office wird von Arbeitnehmer:innen eine Qualität gefordert, die sonst besonders Selbstständige kennen, da sie an die alleinige Hoheit über ihre To-dos und Deadlines bereits gewöhnt sind. Man muss seine Arbeit sichtbar machen – vor allem für sich selbst. Was steht denn überhaupt heute an? Was muss dringend erledigt werden, was kann nur Not auch bis morgen warten? Das Wichtigste dabei ist, den Überblick über die zu erledigenden Aufgaben zu behalten, die an diesem Tag anstehen. Im Büro oder bei klassischen Arbeitsmodellen fällt dies oft leichter oder ganz weg, weil vieles schon vorgegeben wird.

Die sichtbare Arbeit hört ja nicht bei den To-do-Listen auf. Auch der eigene Arbeitsplatz sollte so eingerichtet sein, dass man ihn als »Arbeits«-Platz wahrnimmt und auch so behandelt. Der Vorteil eines externen Büros ist ja genau das: Es ist eine räumliche Trennung von Büro und Zuhause. Weder liegen in diesem Büro die Schulbücher der Kinder noch zu Hause die Aktenordner aus dem Büro. Im Home Office fehlt diese Trennung oft, darum habe ich mit Judith Schueller von *Schöner Wohnen* gesprochen, wie man auch zu Hause sein Home Office so gestalten kann, dass es ein Platz zum Arbeiten ist, der aber trotzdem in das eigene Zuhause passt.

PROFITIPP

" **Auch ohne einen separaten Raum für den Arbeitsplatz kann man gut zu Hause arbeiten. Wichtig ist, das Home Office so zu gestalten, dass man sich wohlfühlt und inspiriert arbeiten kann. Neben Ruhe, einem guten Schreibtischstuhl (höchste Priorität!) und richtiger Beleuchtung hängt Sich-Wohlfühlen auch mit Struktur und einer geordneten Arbeitsumgebung zusammen.**
JUDITH SCHÜLLER

JUDITH SCHÜLLER
ist stellvertretende Chefredakteurin
und Kreativchefin der Zeitschrift
Schöner Wohnen.

Tipps von Judith Schüller, stellvertretender Chefredakteurin und Kreativchefin der Zeitschrift »Schöner Wohnen«

Stauraum schaffen

Arbeitsutensilien bekommen einen festen Platz, jedes Projekt wird je nach persönlichem Ordnungssystem verstaut (Boxen, Ordner ...). Wichtig ist, dass man ein System installiert, das auf die eigenen Bedürfnisse und räumlichen Möglichkeiten zugeschnitten ist.

Mobiler Stauraum

Wer am Küchentisch arbeitet oder in der Wohnung auf Wanderschaft geht, braucht mobilen Stauraum, der schnell weggerollt werden kann. Hilfreich ist ein Rollcontainer, der mitwandert und alles aufnimmt, was man zum Arbeiten braucht.

Home Office »verschwinden lassen«

Wandsekretäre/-module, die ein komplettes Home Office hinter der Klappe verschwinden lassen, sind ideal für kleine Wohnungen. Auch wer sein Home Office ins Schlafzimmer verlegt, lässt Arbeitsunterlagen am besten hinter Schrankwänden oder Paravents verschwinden.

4

Ruhe finden

Oft ist Ruhe zu finden und sich zu fokussieren eine echte Herausforderung im Home Office – besonders wenn, wie während der Corona Lockdowns, zwei Erwachsene Home Office machen und die Kinder nebenbei ihre Schulaufgaben machen oder spielen. Dann helfen eventuell Noise-Cancelling-Kopfhörer oder mobile Trennwände zum Anklemmen an den Tisch.

5

Sich den Arbeitsplatz schön gestalten

Was nicht fehlen darf, sind dann noch schön ausgewählte Accessoires wie der Lieblingsstift, schöne Notizbücher, Ablagesysteme, eine Isolierkanne, Glas und Wasserkaraffe, frische Blumen, eine Duftkerze …

„ **Die Arbeitsweise hat sich im Vergleich zu früher geändert. Das klassische Arbeitszimmer hat ausgedient. Stattdessen lieber mehrere kleine Bereiche schaffen, in die man sich je nach Bedarf zum Arbeiten, Telefonieren oder Nachdenken zurückziehen kann. Als kleiner Schreibtisch im Schlafzimmer kann z. B. ein Schminktisch wunderbar funktionieren, ohne dass er einen beim Schlafen immerzu an die Arbeit erinnert oder das Interieur-Konzept des Schlafzimmers völlig durcheinanderbringt.**

ANETTE LAURIM
Die studierte Diplom-Informatikerin lebt mit ihrem Mann und ihren beiden Töchtern in einem Haus in München. Sie betreibt den Blog »look! pimp your room« und ist als Interior-Beraterin und Content Creator tätig.
www.lookpimpyourroom.com

Co-Working-Spaces

Neben dem eigenen Zuhause gibt es noch eine weitere Möglichkeit, im Home Office zu arbeiten – ohne dass es in dem Fall eben das eigene Zuhause ist. Co-Working-Spaces sind im Prinzip Gemeinschaftsbüros, in die man sich tageweise oder monatsweise einbuchen kann. Allein in Deutschland gibt es derzeit 1280 Coworking-Flächen.

Wie funktioniert das Konzept Co-Working?

In einem klassischen Co-Working-Space werden verschiedene Preismodelle für verschiedene Arbeitsmodelle angeboten. Für den niedrigsten Preis bekommt man einen Springerplatz, sucht sich also jeden Tag einen neuen Arbeitsplatz auf einer offenen Fläche aus. Man kann aber auch feste Schreibtische oder ganze Büros für Teams mieten. Die New York Times fasste das Konzept einmal so zusammen: »They're working on their own, just side by side.« (Sie arbeiten allein, aber nebeneinander). Der erste Co-Working-Space Deutschlands wurde 2009 in Berlin eröffnet, das **betahaus** ist sicherlich noch heute der bekannteste Co-Working-Space und mit 400 m² auch einer der größten.

Co-Working mit Kinderbetreuung

Als wir noch in Berlin lebten und uns auf die Suche nach einem Kita-Platz für unsere Tochter machten, sind wir fast umgefallen vor Schreck:

Die Chancen auf einen Platz standen so unfassbar schlecht, dass ich mich bereits drei weitere Jahre in Elternzeit sah. Insgesamt haben wir über 50 Bewerbungen um einen Betreuungsplatz verschickt, mit einer ausgesprochen schlechten Resonanz. In dieser Zeit habe ich mich das erste Mal mit alternativen Konzepten beschäftigt, die Arbeiten und Kinderbetreuung ganz neu vereinen: Co-Working-Spaces, in denen auch eine Kinderbetreuung angeboten wird.

Wie funktioniert das Konzept Co-Working mit Kind?

In dem Berliner Unternehmen **Coworking Toddler** gibt es einen Bürobereich, in dem frei wählbare Arbeitsplätze zur Verfügung stehen, außerdem kleine abgetrennte Bereiche zum Telefonieren. Direkt nebenan werden die Kinder von staatlich geprüften Erzieher:innen betreut. Zum Mittagessen treffen sich Eltern, Kinder und Erzieher:innen im Gemeinschaftsbereich. Der Platz im Co-Working-Space ist mit einem Platz in der hauseigenen Kita verbunden, es werden also keine Plätze »überbucht«, aber es wird auch ein Kita-Gutschein benötigt. In anderen Spaces wie z. B. dem **Work'n'Kid** kann die Kinderbetreuung einfach pro Stunde dazu gebucht werden, diese Lösung ist deutlich flexibler, aber auf Dauer kostenintensiver, außerdem muss eben auch am entsprechenden Tag ein Schreibtisch und ein Platz in der Betreuung frei sein.

Co-Working-Spaces mit Kinderbetreuung in Deutschland

CO-WORKING-SPACES

1

Hamburg:
Work & Play, Pastorenstraße 16-18,
20459 Hamburg
www.workandplay-hh.de

2

Leipzig:
Rockzipfel, Georg-Schwarz-Straße 10,
04177 Leipzig
www.rockzipfel-leipzig.de

3

Berlin:
Work'n'Kid, Schreinerstraße 58,
10247 Berlin
www.worknkid.de

4

Co-Working Toddler,
Greifenhagener Straße 48, 10437 Berlin
www.coworkingtoddler.com

5

juggleHUB,
Christburger Straße 23, 10405 Berlin
www.jugglehub.de

6

Köln:
COWOKI, Dorothee-Sölle-Platz 2,
50672 Köln
www.cowoki.de

7

Frankfurt am Main:
Co-Work & Play: Otto-Meßmer-Straße,
60314 Frankfurt am Main
www.coworking-spaces.info/co-work-play

8

Nürnberg:
Design Offices Nürnberg City,
Königstorgraben 11, 90402 Nürnberg
www.designoffices.de

9

München:
Design Offices München Nove,
Luise-Ullrich-Straße 14, 80636 München
www.designoffices.de/standorte/
muenchen-nove

Im Gespräch mit Sandra Runge von Co-Working Toddler

SANDRA RUNGE
ist Rechtsanwältin und Bloggerin.
Sie hat 2016 gemeinsam mit ihrem
Mann den ersten Co-Working
Toddler im Berliner Stadtteil Prenzlauer Berg gegründet, 2019 folgte
ein zweiter im Stadtteil Neukölln.
www.coworkingtoddler.de

Wie kann man sich auf einen Platz bei euch bewerben?

Wir haben ein Anmeldungsformular auf der Webseite und mit dem registriert man sich für einen Platz auf der Warteliste. Wenn dann bei uns wieder Plätze frei werden, rückt jemand von dieser Warteliste nach.

Da wir eine staatlich anerkannte Kita sind, braucht man für unsere Betreuungsplätze einen Kita-Gutschein, welche Anzahl an Stunden darauf steht, ist für uns aber prinzipiell erst einmal egal.

Beim Co-Working beginnt die Miete für einen Fulltime-Platz bei 350 EUR im Monat, diesen Platz kann sich die jeweilige Familie dann auch teilen.

Unser Konzept sieht vor, dass die Eltern, die bei uns im Co-Working sitzen, ihre Kinder auch in unsere Kinderbetreuung geben können. Wenn jemand z. B. nur teilweise einen Platz im Co-Working benötigt oder nur in der Kita oder Bedarf an anderen Modalitäten da ist, kann man das immer in einem persönlichen Gespräch klären.

Du sagtest, die Familien können sich die Plätze teilen, wie viele Väter nutzen denn das Angebot?

Ich würde sagen, wir liegen da bei nahezu 50 %, das teilt sich wirklich gut auf und wird von den Vätern viel und gern genutzt.

Wie sieht ein normaler Alltag bei euch aus?

Die Eltern bringen die Kinder in die Kita, verabschieden sich und gehen in den Co-Working-Space. Nach Absprache mit den Erzieher:innen können die Familien gemeinsam zu Mittag essen und anschließend gehen Kita- und Arbeitsalltag entsprechend weiter. Einige Eltern kommen nach dem Abholen der

Kinder abends noch mal zum Arbeiten. Wir haben einen flexiblen Zugang abseits der Betreuungszeiten, sodass auch abends und am Wochenende gearbeitet werden kann, wenn man das möchte.

Wie seid ihr auf die Idee zu einem Co-Working-Space mit Kinderbetreuung gekommen?

Der Auslöser war mein zweiter Sohn. Ich bin freiberufliche Anwältin und wollte nach der Geburt meines zweiten Sohnes gern früh, nach ca. einem halben Jahr, wieder in meinen Beruf einsteigen. Wir haben damals lange nach einer Möglichkeit für uns gesucht, mit der wir uns wohlfühlen. Bei der Recherche bin ich auf das Modell von »Rockzipfel« in Leipzig gestoßen, die ein ähnliches Konzept von Arbeitsplatz und Kinderbetreuung, dort jedoch durch Ehren-

amtliche, angeboten haben. In der weiteren Recherche war für uns schnell klar: Wir möchten es mit einer staatlich anerkannten Kita kombinieren und so haben mein Mann und ich 2016 den ersten **Co-Working Toddler** im Prenzlauer Berg gegründet und 2019 den nächsten in Neukölln.

Mit Kindern arbeiten

In einer idealen Welt trennen wir Arbeit und Kinderbetreuung voneinander. In der echten Welt klappt das aber nicht immer – was wir spätestens seit Corona alle wissen. Aber auch sonst ist das Kind mal krank oder aber es kommt am Nachmittag noch mal ein wichtiger Anruf rein oder wir müssen doch noch schnell ein paar E-Mails beantworten, auch wenn wir eigentlich schon Feierabend haben. Besonders Selbstständigen fällt diese Trennung häufig schwer. Wie erkläre ich einem kleinen Kind, dass es jetzt kurz warten muss, bevor wir wieder greifbar sind?

Ich habe mit der angehenden Kinderpsychologin Katharina Meier-Batrakow darüber gesprochen. Sie hat mir erklärt, was man bei Kindern in verschiedenen Altersstrukturen überhaupt von ihrer physischen und psychischen Entwicklung »erwarten« kann und wie man das Konzept »Ich arbeite jetzt« für die jeweilige Altersstufe greifbar macht. Wir unterteilen hierbei in die Kategorien Kleinkind (0–3 Jahre), Kindergartenkind (3–6 Jahre) und Schulkinder.

Kleinkinder

Kinder sind im Alter bis 3 Jahre noch sehr in der Ich-Perspektive, sie haben ihre Bedürfnisse und Wünsche und können noch gar nicht in eine andere Perspektive wechseln. Sie reagieren also auf das, was wir machen. Arbeiten wir und sind gestresst, sichern sie sich unsere Aufmerksamkeit oder sind besonders anhänglich, um

---

MEDIENZEIT

Zunächst einmal signalisieren: Ich bin nicht gegen Medien, du darfst z.B. nachmittags nach der Kita 30 Minuten deine Serie schauen. So haben Kinder nicht das Gefühl, ständig um diese Medienzeit kämpfen zu müssen. Das erspart viele Diskussionen. Man sollte als Familie genaue Absprachen treffen: Eine Folge der Serie, 30 Minuten (für ältere Kinder, die schon das Prinzip der Uhr verstehen), oder man erstellt ein akustisches Signal wie einen Wecker oder eine Eieruhr, die das Ende der Medienzeit signalisiert. Wie viel Medien die Kinder konsumieren, darf jede Familie für sich entscheiden. Die Eltern tragen jedoch die Verantwortung für die konsumierten Inhalte. Neue Filme oder Serien sollten gemeinsam geschaut werden oder die Eltern informieren sich vorab über deren Inhalte. Sie sollten altersgerecht sein. Und natürlich sind auch hier Ausnahmen möglich. Sonntags, bei Krankheit oder eben auch, wenn eine dringende Abgabe ansteht und das Kind dank einer weltweiten Pandemie neben einem im Home Office sitzt.

> **Es kommt oft auf die Sichtweise an: Wenn Eltern einen wichtigen Termin haben und darum ein Kind mal eine Stunde fernsehen darf, das aber mit Snackteller und Kuschelecke als etwas Besonderes zelebriert wird, ist das ein echtes Highlight. Wichtig ist doch nur, dass das Kind sich gesehen und nicht vor dem Fernseher ›geparkt‹ fühlt.**

sich unserer Beziehung zu versichern. Kinder können in dem Alter Warteperioden so gut wie gar nicht aushalten – sie können also noch nicht darauf reagieren, wenn wir sagen: Warte bitte 15 Minuten, dann spiele ich wieder mit dir. Das geht erst im Kindergartenalter. Was kann ich also tun, um einem Kleinkind eine gewisse Zeitspanne begreiflich zu machen? Als Eltern können wir versuchen, Zeit (be)greifbar zu machen. Man kann eine Eieruhr oder einen Wecker stellen oder man zeigt dem Kind eine volle Kaffeetasse und erklärt, dass man wieder spielen kommt, wenn die Tasse leer getrunken ist. So versteht das Kind, dass der Zustand des Wartens endlich ist, und kann kürzere Perioden überbrücken. Dazu sei aber gesagt: Dafür müssen die Grundvoraussetzungen stimmen, ein müdes oder erkältetes Kind kann vielleicht nicht einmal diese kurze Zeitspanne aushalten.

Beschäftigungsideen

Damit sich ein Kind in dem Alter ein wenig selbst beschäftigt, kann man Impulse geben: Man baut z. B. Stationen auf.

Schüttspiele: verschiedene Behälter, Trichter und Materialien wie Reis, Mais oder Nudeln können so hin und her geschüttet werden. Der Nachteil: Man nimmt in Kauf, dass es überall rumfliegt. Wichtig sind Spiele, bei denen Kinder nicht unsere Hilfe brauchen. Man kann auch mit den ganz Kleinen mal eine Art Co-Working probieren, dabei sitzt man gemeinsam am Esstisch oder hantiert in der Küche. Während die Eltern noch ein paar Notizen machen oder schon einmal das Essen vorbereiten, können die Kinder malen, mit einem Locher buntes Papier ausstanzen oder (unter Aufsicht) mit einer Kinderschere alte Zeitschriften zerschneiden.

Kindergartenkinder

Kinder beginnen in diesem Alter, Ziele abzustimmen. Man kann ihnen z. B. sagen: »Hol schon mal deine Sachen und zieh dich an, parallel beende ich meine Aufgabe und dann können wir gemeinsam rausgehen.« Man kann ihnen also auch erklären: »Bis der Zeiger der Uhr ganz oben ist, muss ich noch arbeiten, danach habe ich wieder Zeit für dich.« Je älter die Kinder werden, je länger werden die Zeitelemente, die sie selbst überbrücken können. Wichtig ist: Die Kinder müssen darauf vertrauen, dass Vereinbarungen eingehalten werden. Wenn Kinder auf eine Verbindlichkeit der Aussagen vertrauen können, lernen sie schneller, Zeiten ein- und auszuhalten.

Inspiration für Spielideen

#spielenstattpanik: Unter dem Hashtag haben Mütter auf Instagram während des ersten Corona-Lockdowns viele tolle Spiel- und Bastelideen gesammelt.

Dabei sollte man die Interessen der Kinder beachten und entsprechend kleine Stationen vorbereiten: Basteln mit neuen Materialien, ein Tobeparkour, eine Autorennstrecke aufbauen und so weiter.

Schulkinder

Ab dem Alter von 6 Jahren können sich Kinder für eine bestimmte Zeit selbst beschäftigen, auch hier ist jedoch das Thema Verbindlichkeit wichtig. Wenn man sich zu einer bestimmten Uhrzeit verabredet, um etwas zu spielen, gemeinsam etwas zu essen, oder auch Medienzeiten vereinbart, sollte man zur gesetzten Zeit auch da sein – körperlich und mental und nicht noch gedanklich die letzte Arbeitsmail durchgehen.

Das haben wir aus diesem Kapitel ausprobiert und es hat gut für uns funktioniert

1

2

3

4

5

Das haben wir aus diesem Kapitel ausprobiert und es war nichts für uns

1

2

3

4

5

Help -
I need somebody!
Betreuungsmodelle

Damit beide Eltern arbeiten gehen können, braucht es neben Kindergarten und Schule noch weitere Unterstützung – das viel beschriebene Dorf. Was aber, wenn man keine Familie, kein Dorf, in der eigenen Stadt hat? In diesem Kapitel schauen wir uns einmal an, wie viel ein Au-Pair kostet, wie das mit Leihgroßeltern funktioniert und was zu den Aufgaben eines Babysitters gehören kann.

5

Damit beide Elternteile arbeiten gehen können, muss eine Betreuung der Kinder gesichert sein. Im Jahr 2020 wurden in Deutschland 92,5 Prozent[6] der Kinder ab dem dritten Lebensjahr in Kindertagesstätten betreut. Bei den Kindern unter drei Jahren waren es 35 Prozent. Neben Kindertagesstätten gibt es jedoch auch noch ein paar andere Betreuungsmöglichkeiten, mit denen wir uns in diesem Kapitel beschäftigen möchten.

Bleiben wir aber zunächst einmal bei den Krippen. 35 Prozent der Kinder unter drei Jahren werden in Krippen oder von Tagesmüttern betreut. Das klingt ja zunächst einmal, als ob für diese 35 Prozent der Eltern die Rückkehr in den Beruf gesichert sei. Während man bei einem Kindergartenplatz bis zu zehn Stunden Betreuung für ein Kind vereinbaren kann, bieten die meisten Krippen jedoch nur einen geringeren Stundensatz an.

Somit besteht in der Regel auch bei dieser Betreuungssituation nicht die Möglichkeit, dass beide Eltern mit einer Vollzeitstelle in das Berufsleben zurückkehren. Dies ist einer der Gründe, warum Frauen häufig im klassischen Teilzeitmodell zurückkehren, bei dem sie maximal fünf Stunden pro Tag arbeiten und die Kinder am frühen Nachmittag aus der Kita abholen. Wie bereits in vorangegangenen Kapiteln bespro-

chen, birgt aber besonders diese Lösung häufig einen erhöhten Stressfaktor für das teilzeitarbeitende Elternteil. In vielen Beziehungen bleiben schnell alle »Kinderthemen«, aber auch der Haushalt an der Person hängen, die ja »nur« Teilzeit arbeitet und den Nachmittag zu Hause ist. Dabei kann man auch bei diesem recht klassischen Rollenmodell Wege der Vereinbarkeit finden, die beiden Elternteilen die Möglichkeit der Teilhabe geben und die Last auf mehrere Schultern verteilen. Besonders für die Beziehung zwischen Vollzeit arbeitendem Elternteil und Kind ist es wichtig, dass sie »Kinderalltag« gemeinsam erleben. Am besten überlegt man daher gemeinsam, welchen Teil der Betreuung das vollzeitarbeitende Elternteil übernehmen kann. Bei vielen Familien ist das der Weg zur Kita am Morgen. Man kann das Kind auf dem Weg zur Arbeit bei der Kita abgeben und fährt danach weiter. Eine weitere Möglichkeit ist es, an einem bestimmten Nachmittag, häufig eignet sich hier der Freitag, früher Feierabend zu machen und die Kinder aus der Kita abzuholen. Manchmal ist hier ein wenig Kreativität und manchmal auch einfach ein klärendes Gespräch mit dem Arbeitgeber des vollzeitarbeitenden Partners notwendig, aber eine Lösung sollte sich in den meisten Fällen finden lassen. Für die regelmäßige Unterstützung am Nachmittag gibt es aber auch noch ein paar weitere Möglichkeiten, auf die wir jetzt noch einmal genauer eingehen werden.

Neben Krippe, Kindergarten und Schulhort gibt es noch ein paar andere Modelle, auf die man als Familie zurückgreifen kann – häufig werden diese auch kombiniert, um eine erweiterte Arbeitszeit für den Elternteil zu schaffen, der bisher »nur« Teilzeit arbeitet.

Das viel besprochene »Dorf«

Nicht umsonst spricht man bei der Kindererziehung von einem Dorf, das benötigt wird. Jetzt gilt es, ein gutes soziales Netzwerk aufzubauen, in dem man voneinander profitiert und sich gegenseitig unterstützt. Für die Kinder ist dabei besonders schön und auch wichtig, zu wissen, dass es mehr als zwei Personen, nämlich Mama und Papa, gibt, auf die sie sich verlassen können. Sie haben einen erweiterten Bezugspersonenkreis, mit dem sie auch nicht zwingend verwandt sein müssen. Auch Freund:innen, Pat:innen oder Nachbar:innen eignen sich wunderbar dazu, eine Art »Ersatzfamilie« zu schaffen. Ich bin als Kind nach dem Kindergarten lange Zeit zunächst zum Mittagessen zu meiner Oma gegangen und sie hat mich dann später nach Hause gebracht. Ich habe das nie als Abschieben empfunden, sondern es immer sehr genossen. Bei Oma gab es leckeres Essen und ich durfte Sachen, die ich zu Hause nicht durfte. Außerdem genoss ich die Exklusivzeit, die ich mit Oma hatte, in der ich sie nicht mit meinen Eltern oder meiner kleinen Schwester teilen musste.

Wenn man also das Glück hat, dass die Familie in der Nähe wohnt und diese Lust hat, in die Kinderbetreuung mit einzusteigen, kann man sie an Bord holen.

Am einfachsten funktioniert das über feste Vereinbarungen. Das erhöht für beide Seiten die Planbarkeit und für das Kind die Vorfreude.

---

[6] (Zahlen statistisches Bundesamt: www.destatis.de/DE/Themen
/Gesellschaft-Umwelt/Soziales/Kindertagesbetreuung/_inhalt.html)

Kinder lieben Routinen, wenn sie also wissen, dass dienstags nach der Kita noch Oma-Nachmittag ist, planen sie es ein. Und man selbst kann den Nachmittag entweder fest zum Arbeiten nutzen oder für Erledigungen, als fixen Sporttermin oder wofür eben sonst die Zeit fehlt.

Vertrauen schaffen

Bei uns in der Kita stand einmal eine etwas hilflos wirkende ältere Dame, die mir anvertraute, dass sie zum ersten Mal ihr Enkelkind abholen sollte. Sie war ganz aufgeregt, weil sie weder genau wusste, in welche Gruppe das Kind geht, noch, wo das Fach oder wie der Ablauf beim Abholen sei. Besonders für Großeltern, die das Ganze zum ersten Mal machen, ist es sinnvoll, den Ablauf bei der Abholung und die Wege zur Kita (oder Schule) mindestens einmal gemeinsam zu üben. Wie geht ihr normalerweise nach Hause, wie stellt man die Bremse beim Buggy fest, wie funktionieren die Abläufe in der Kita, wo ist die Mütze vom Kind, wo ist die Toilette und was ist, wenn Wechselsachen benötigt werden? Auch besondere Bedürfnisse sollten mitgedacht werden: Holen Oma und Opa das Kind nach dem Schulsport ab, hat es Hunger. Packt den Großeltern also entweder die Vesperbox mit ein oder sagt ihnen Bescheid, dass das Kind Hunger haben wird und sie noch beim Bäcker halten oder gemeinsam Kuchen essen gehen können. Nur so fühlen sich Großeltern oder jede andere Betreuungsperson wohl und sicher mit ihrer Aufgabe. Wir dürfen nicht vergessen, dass wir das zwar jeden Tag machen, Oma und Opa aber eben nicht.

Tipps für Nachmittage mit Oma und Opa oder auch einem Babysitter

Macht es zu einem Event! Vielleicht ist der Babysitternachmittag immer Kinonachmittag, an dem es Popcorn gibt und man gemeinsam etwas anschaut, oder es wird zusammen gebacken oder man geht auf diesen total tollen Spielplatz. Vielleicht gibt es auch ein Ritual, dass die Oma immer mit dem Kind ein Eis essen, in ein gemütliches Café oder in die Bücherhalle geht. Vielleicht bringt die Babysitterin auch ein besonderes Spielzeug mit, wie eine tolle Knete oder besondere Ausstecher oder etwas zum Basteln. So ist diese Betreuung eher etwas, auf das sich das Kind besonders freut.

Leihgroßeltern

Nicht jeder von uns hat das Glück, die Großeltern direkt vor der Tür zu haben. Das Konzept Leihoma (es gibt auch Leihopas, aber deutlich weniger, daher sprechen wir hier meist von den Leihomas) gibt es daher bereits seit über 20 Jahren. Senior:innen, die ebenfalls vielleicht keine eigene Familie in der Nähe haben und Familienanschluss suchen, tun sich mit Familien zusammen, die ihre Leihoma in ihr Leben integrieren. Die Kinder genießen das Gefühl, eine »Oma« in ihrer Nähe zu haben, und die Eltern haben eine weitere Betreuungsstütze, auf die sie zurückgreifen können. Dabei sollte unbedingt beachtet werden, dass eine Leihoma kein Babysitter ist. Sie unterstützt die Familie, wie es eine Oma tun würde, sie kommt einen Nachmittag zum Spielen, backt mit den Kindern, bringt sie vielleicht auch mal ins Bett oder unternimmt einen Ausflug.

Man sollte sich aber bewusst sein, dass eine Leihoma eine Oma ersetzen soll und nicht eine feste Betreuung für das Kind darstellt. Man kann sicherlich im Laufe der Zeit schauen, ob feste Tage und Termine vereinbart werden können, am Ende geht es aber um eine menschliche Verbindung, keine gebuchte Dienstleistung.

Bezahlung

Die meisten Leihomas suchen Familienanschluss und werden über Freiwilligenstellen vermittelt, in diesem Fall ist das Engagement ehrenamtlich und es werden nur Auslagen für Bus, Benzin etc. vergütet. Man kann aber natürlich gemeinsam nach ganz persönlichen Absprachen suchen, die für beide passen, wenn man sich z. B. einen freien Abend wünscht und die Leihoma aufpasst oder Ähnliches. Einige Leihomas bekommen daher für bestimmte Tätigkeiten einen Stundenlohn. Dieser liegt zwischen fünf und acht Euro.

Vermittlung

1

Lend Grand ist das größte Onlineportal für Leihgroßeltern in Deutschland. Gründerin Sonia, selbst Mutter von drei Kindern, hat das Portal aus eigenem Interesse gegründet, als sie sich auf die Suche nach »Ersatzgroßeltern« für ihre Kinder machte. **www.lend-grand.de**

2

Die Bundesarbeitsgemeinschaft der Freiwilligenagenturen (bagfa.de) hat etwa 300 lokale Freiwilligenagenturen gelistet, über die ebenfalls Leihomas oder Wunschgroßeltern gesucht werden können. **www.bagfa.de**

3

Der Verein **Human Environment Life Protection (HELP)** (help-deutschland.de) sucht und vermittelt Wunschgroßeltern deutschlandweit. **www.help-deutschland.de**

Babysitter

Babysitter kann in Deutschland im Prinzip jeder werden, dem die Eltern das Kind anvertrauen möchten. Es wird keine spezielle Ausbildung gebraucht. Ab 14 Jahren kann man verantwortungsbewussten Jugendlichen eine Betreuung zutrauen, es sollten jedoch vorab gemeinsam Regeln besprochen werden und die Betreuungszeit sollte eher kurz und ohne Extraaufgaben wie Hausaufgabenhilfe ausfallen. Die Aufgaben eines Babysitters gehen von Mittagessen kochen inklusive Hausaufgaben betreuen über zwei Stunden mit dem Kind auf den Spielplatz gehen bis hin zum klassischen Babysitten am Abend, bei dem die Eltern das Kind ins Bett bringen und der Babysitter eher eine Art Notbetreuung ist, falls die Kinder aufwachen.

Bezahlung

Entsprechend unterschiedlich ist auch die Bezahlung, diese wird ganz individuell zwischen Familie und Babysitter geklärt. Als Anhaltspunkt kann man sich aber folgende Zahlen anschauen:

Stundenlohn von 5–10 Euro: In dieser Preisspanne bewegen sich meist Jugendliche zwischen 14 und 18 Jahren, sie haben in der Regel keine weiteren Aufgaben, gehen also mit den Kindern auf den Spielplatz oder passen abends auf, während sie schlafen.

Stundenlohn von 10–15 Euro: Das ist der Standardsatz, der für die meisten Babysitter gilt. Sie haben bereits Erfahrung mit der Kinderbetreuung und können Aufgaben wie das Abholen von der Kita oder Schule übernehmen, die Hausaufgaben betreuen, und man kann erwarten, dass sie kleine Snacks wie Obstteller oder ein Müsli für die Kinder zubereiten.

Stundenlohn von 15–20 Euro: Diesen verlangen meist Babysitter mit einer besonderen Ausbildung, die also ausgebildete Erzieher:in sind oder auch in der Kinderpflege ihre Ausbildung gemacht haben. Hier können auch Sonderaufgaben besprochen werden wie z. B. Nachhilfe, das Kochen eines Mittagessens, Fahrdienste zu Sportangeboten o. Ä.

> **Bei uns passt das neunjährige Nachbarskind auch schon mal eine Stunde im Innenhof auf unsere Tochter auf. Ein Babysitter kann mit den Kindern mitwachsen: anfangs einfach mit ihnen zu Hause spielen, sie später mal zum Spielplatz begleiten oder abends auf sie aufpassen.**

Vermittlung

Babysitter kann man z. B. über Onlineportale wie **www.betreut.de** finden. Es lohnt sich jedoch auch, einmal in der Nachbarschaft oder bei Freund:innen mit älteren Kindern anzufragen. Auch in der Kita oder der Schule kann ein Aushang gemacht werden oder die Betreuer:innen können ganz gezielt nach einer Empfehlung gefragt werden. Elternschulen oder Familienbildungsstätten bieten manchmal Babysitter-Kurse an, in denen Jugendliche Erste Hilfe und Kinderpflege lernen, diese haben meist Kontaktlisten vorliegen von Babysittern, die zur Verfügung stehen.

BABYSITTER UND STEUER

Kann man Babysitter eigentlich von der Steuer absetzen?

Man kann! Zwei Drittel der Betreuungskosten, die im Jahr anfallen, kann eine Familie steuerlich geltend machen, solange das Kind unter 14 Jahre alt ist. Dabei spielt es keine Rolle, ob diese für den Kindergarten, ein Kindermädchen, einen Babysitter oder eine Leihoma verwendet wurden. Es muss jedoch ein Vertrag über die Kinderbetreuung geschlossen werden, in dem die Arbeitsbedingungen schriftlich festgehalten werden, und die Bezahlung muss per Überweisung und nicht in bar getätigt werden. Pro Kind und Jahr können so bis zu 4000 EUR für Kinderbetreuung abgesetzt werden.

Au-Pair

Das Konzept Au-Pair kennen viele eher aus der anderen Perspektive, denn auch aus Deutschland reisen jedes Jahr viele junge Menschen in Länder wie die USA, um dort die Sprache zu lernen und erste Arbeitserfahrungen zu machen. In Deutschland gilt, dass ein Au-Pair unter 27 Jahre alt sein muss, um ein Au-Pair-Visum zu erhalten. Die meisten Au-Pairs kommen aus anderen Ländern, um die Sprache und Kultur kennenzulernen. Au-Pairs können sowohl männlich als auch weiblich sein, wobei der Anteil an jungen Frauen überwiegt. Bei der Auswahl des Au-Pairs sollte man sich überlegen, was einem wichtig ist. Möchte man z. B., dass eine sichere Verständigungsebene möglich ist, dann sollte man sich für ein Herkunftsland entscheiden, das englischsprachig ist oder Englisch ebenfalls als erste Fremdsprache in der Schule lehrt. Natürlich ist aber auch jede andere Sprache möglich, die von beiden Parteien beherrscht wird. Die meisten Au-Pairs leben direkt in der Familie, daher sollte man sich bei der Auswahl möglichst sympathisch sein und Kriterien festlegen, die einem wichtig sind. Au-Pairs werden für die Kinderbetreuung eingeplant, sind jedoch in der Regel nicht verpflichtet, im Haushalt zu unterstützen.

Bezahlung

Ein Au-Pair lebt in der Familie und erhält Kost und Logis, außerdem ein Taschengeld, zudem müssen Versicherungen wie Krankenversicherung und Haftpflicht bezahlt werden und ein Zuschuss zum Sprachkurs.

Kosten: ca. 450 Euro im Monat plus Kosten für eine Person mehr im Haushalt (Mahlzeiten und Nebenkosten). Außerdem kommen noch die Kosten für das Visum und den Flug hinzu.

AGENTUREN

AuPairWorld
www.aupairworld.com

▼

WeAupair
www.weaupair.com

▼

Betreut
www.betreut.de

<u>Im Gespräch mit Tina Ruthe</u>

TINA RUTHE

ist Mama von Zwillingen und lebt mit ihrem Mann Ralph und den Kindern in Bielefeld. Bereits vor der Geburt ihrer Kinder haben sich die beiden auf die Suche nach einem Au-Pair gemacht und seitdem sind vier kolumbianische Au-Pairs bei ihnen gewesen.

Die Suche nach einem Au-Pair, wie läuft die ab?

Als Erstes legt man sich darauf fest, welche Länder bzw. Sprachen man sich vorstellen kann, und dann sucht man entsprechend danach eine Agentur raus. Dann stellt man sein eigenes Profil auf: Wer sind wir, was machen wir, wie viele Kinder haben wir, was sind unsere Vorstellungen, welche Aufgaben fallen an?

Die Agentur schlägt nach den angegebenen Parametern potenzielle Kandidat:innen vor, hilft mit dem ersten Kontakt, dem Visum usw. Die Agenturen kann man sich ein wenig wie eine Brücke zu dem anderen Land vorstellen.

Was deckt ein Au-Pair an Aufgaben ab?

Das ist eine Frage der vorherigen Absprache. Bei uns geht es hauptsächlich um die Kinder, die Betreuung, aber z. B. auch Aufgaben wie die Wäsche der Kinder gehört mit dazu. Unsere Au-Pairs müssen bei uns nicht putzen, das ist auch nicht ihre Aufgabe. Aber sie müssen im Haushalt helfen – ich vergleiche das immer mit einer WG, wer zuerst sieht, dass die Spülmaschine ausgeräumt werden muss, sollte das auch tun.

Wie fühlt es sich an mit jemand Fremdem im Haus – der oder die auch noch alleine auf deine Kinder aufpasst?

Der erste Monat ist immer ein wenig gewöhnungsbedürftig. Man muss erst mal herausfinden, wie viel Nähe und wie viel Distanz wollen wir. Unserer Erfahrung nach sind die Au-Pairs auch froh, wenn sie sich nach Feierabend in ihr Zimmer zurückziehen können und ihre Ruhe haben. Sie sitzen also nicht abends mit uns auf der Couch. Aber es ist auch ihr Zuhause für ein Jahr, also kann es natürlich sein, dass sich das Au-Pair abends noch mal was aus dem Kühlschrank holt oder durchs Haus läuft.

Hast du Tipps für den Alltag mit Au-Pair?

Wir setzen uns immer sonntags gemeinsam hin und machen einen Plan für die Woche. Wann sind meine Termine, wann brauche ich sie auf jeden Fall, was steht wann an und wann sind wir abends nicht da. Dann kann sich das Au-Pair nämlich auch verabreden und weiß, wann es bei der Bastelzeit jetzt nicht mit einsteigen muss, weil wir das mit den Kindern machen.

Ein ganz wichtiger Punkt ist das Thema Kommunikation: Am Anfang sind die Sprachkenntnisse oft rudimentär, da muss man die Au-Pairs bestärken, immer wieder zu fragen, wenn sie etwas nicht verstanden haben, sonst entstehen oft Missverständnisse.

Nanny und Manny

Zunächst einmal zu der Begrifflichkeit: Ein Kindermädchen wird im Englischen Nanny genannt, dies leitet sich von der Koseform Granny, also der Großmutter, ab. Männliche Nannys werden manchmal Manny gennant, eine Wortkreation aus Man und Nanny, sie sind jedoch nicht sehr verbreitet. In Deutschland arbeiten fast ausschließlich Frauen als Kindermädchen.

Im Gegensatz zu einem Babysitter oder einem Au-Pair steht ein Kindermädchen in einem sozialabgabenpflichtigen Arbeitsverhältnis. Man stellt also jemanden fest für eine bestimmte Anzahl Stunden pro Woche ein und bezahlt ein Gehalt. Das Kindermädchen lebt in der Regel in einem eigenen Haushalt und hat ganz reguläre Arbeitszeiten – anders als z. B. ein Au-Pair ist also ein Aufpassen am Abend kein Teil der Vereinbarung. Man kann aber natürlich auch hier gemeinsam ganz individuelle Lösungen suchen. Viele Kindermädchen haben eine pädagogische Ausbildung.

Bezahlung

Die meisten Kindermädchen werden in Teil- oder Vollzeit angestellt. Je nach Berufserfahrung und Qualifikation liegt der Stundenlohn hier zwischen 16 und 22 Euro. Dazu kommen noch die Sozialabgaben sowie die Vermittlungsgebühren für die Agentur.

— AGENTUREN —

Agentur Mary Poppins
www.agenturmarypoppins.de
▼
Nanny 4 your kid
www.nanny4yourkid.com
▼
Betreut
www.betreut.de

Im Gespräch mit Arietta von Stechow

ARIETTA VON STECHOW
ist baldige Zweifach-Mama,
Anwältin für Arbeitsrecht und lebt
mit ihrer Familie in Hamburg.

Warum habt ihr euch für ein Kindermädchen als Betreuung entschieden?

Schon lange bevor ich schwanger geworden bin, haben mein Mann und ich darüber gesprochen, wie ein Alltag mit Kind in meinem Beruf als Anwältin aussehen soll. Für mich war von Anfang an elementar wichtig, dass ich weiterhin meinen Job machen kann, und das mit entsprechendem zeitlichem Einsatz und Engagement – ohne dass jedoch das Kind darunter leidet.

Für uns war klar, wir brauchen eine Betreuung, die relativ wenig Ausfälle bedeutet und ein bisschen mehr auf unsere individuellen Bedürfnisse abgestimmt ist. Und für mich war auch klar, dass ich gerne eher früher wieder arbeiten möchte. Wir wollten unser Kind aber auf keinen Fall mit sechs Monaten oder drunter fremdbetreuen lassen. Wir wollten unserer Tochter ermöglichen, bei uns zu Hause groß zu werden.

Meine Schwägerin, die in einer leitenden Position arbeitet, und mein Schwager haben bereits drei Kinder und hatten das Konzept einer Kinderfrau in Ergänzung zu einer Kita gewählt. Das haben wir uns ein wenig abgeschaut.

Wie läuft der Alltag bei euch ab, welche Aufgaben werden von eurer Kinderfrau übernommen?

Eigentlich war der Plan, dass unsere Tochter mit zwei Jahren in die Kita kommt, dann kam jedoch der erste Corona-Lockdown und daher haben wir die Betreuung durch unsere Kinderfrau erst einmal in vollem Umfang beibehalten.

Derzeit sieht es so aus, dass die Kinderfrau morgens um 8 Uhr kommt. An vier Tagen ist sie bis 15:30 Uhr da und an einem Tag bis 18:30 Uhr. Weil für mich wichtig ist, dass ich zwei volle Tage im Büro habe – ohne Deadline –, kommt an zwei Tagen mein Mann früher nach Hause und übernimmt den Nachmittag und an den anderen Tagen mache ich das.

Abseits des Lockdowns ist der Plan, dass ich oder mein Mann unsere Tochter morgens in den Kindergarten bringen. Unsere Kinderfrau kommt zwei Stunden, bevor sie unsere Tochter abholt, zu uns nach Hause und erledigt Haushaltssachen wie Einkäufe, Wäsche usw.

Neben der Betreuung unserer Tochter gehören außerdem zu ihren Aufgaben: Kochen, bei Bedarf einkaufen, Reinigung und Post, Wäsche und dafür sorgen, dass es aufgeräumt ist – sie putzt nicht, aber sie räumt auf. Unser Credo ist: Ich erwarte, dass sie das tut, was ich auch tun würde, wenn ich zu Hause wäre: Ordnung halten, Spülmaschine, Wäsche, Oberflächen wischen, Spielzeug aufräumen und so weiter.

Wie waren eure Auswahlkriterien? Wonach habt ihr euer Kindermädchen ausgesucht?

Unsere erste Kinderfrau haben wir über eine Online-Plattform gefunden. Da hatten wir eine sehr ausführliche Anzeige mit allen Kriterien eingestellt und auch jemanden gefunden.

Vier Wochen nach der Geburt war sie zum ersten Mal bei uns zu Besuch und weitere vier Wochen später musste ich meine Promotion verteidigen, währenddessen war sie für zwei bis drei Stunden bei uns und hat auf unsere Tochter aufgepasst. Leider stellten sich bei dieser Kinderfrau immer mehr Konflikte ein und nach sechs Monaten haben wir festgestellt, dass es leider gar nicht passt, und uns voneinander getrennt.

Für den zweiten Versuch haben wir dann mit einer Agentur gearbeitet. Diese erstellte ein richtiges Profil, fragte ab, was wir erwarten. Für uns war klar, dass wir eine Art Familienmanagerin suchen. Jemanden, der auch mal sieht, wenn etwas im Kühlschrank fehlt, und auch mal den Müll mit raus nimmt, wenn er voll ist, Windeln kauft, wenn sie fehlen, usw.

Wir erhielten sehr gute Empfehlungen und haben uns schließlich für unsere jetzige Kinderfrau entscheiden, weil sie auf uns den Eindruck gemacht hat, dass sie weiß, was zu tun ist – weil ja auch durchaus während eines Mittagsschlafs mal nichts zu tun ist.

Was die Soft Skills angeht, muss man einfach auf sein Gefühl hören. Wer schaut zum Gespräch dein Kind an, auf wen reagiert auch das Kind. Kinder haben da ein klares Radar, wen sie mögen und wen sie nicht mögen.

Die Agentur ist uns auch in der weiteren Arbeit mit der Kinderfrau eine große Hilfe gewesen, wir hatten jetzt z. B. noch mal Gehaltsverhandlungen und da ist es einfach gut, eine neutrale Instanz zu haben, die mit drauf schaut, da man sich ja einfach sehr nah ist und auch sehr nah steht.

Das möchte ich noch mal nachlesen

1

2

3

4

5

Das werden wir in den nächsten Wochen einfach mal ausprobieren

1

2

3

4

5

Endlich Schulkind! Und wer kümmert sich jetzt um die Hausaufgaben?

Für die meisten Eltern bedeutet der Schulbeginn nicht nur eine ganz schöne Portion Wehmut, sondern auch eine Menge neue Organisationsaufgaben. Schulschluss um 12 Uhr, Ferien, Hausaufgabenbetreuung und Brückentage – um nur einige zu nennen. In diesem Kapitel schauen wir uns an, wie mögliche Lösungen aussehen können und was man Kindern in welchem Alter selbst zutrauen kann.

6

Viele Kinder fiebern dem Moment der Einschulung entgegen. Für einige Eltern ist dieser Schritt mit einer ganzen Portion Wehmut verbunden. Besonders entscheidend sind aber die Veränderungen, die nun im Ablauf der Familie anstehen.

Während Kindergartenkinder eine geregelte Nachmittagsbetreuung haben, hat ein Grundschulkind auch durchaus mal um 12 Uhr Schulschluss. Nach der Schule stehen die Hausaufgaben an und häufig auch ganz andere Bedürfnisse. Ein Kind, das vorher den ganzen Tag mit seinen Freund:innen durch die Kita getobt ist, empfindet einen Vormittag sitzen und sich auf bestimmte Aufgaben konzentrieren unter Umständen als sehr anstrengend und braucht danach erst einmal einen körperlichen Ausgleich.

In diesem Kapitel wollen wir uns einmal damit beschäftigen, wie eine Nachmittagsbetreuung, aber auch eine Hausaufgabenhilfe für ein Schulkind aussehen kann. Und ab wann kann ein Kind eigentlich von der Schule alleine nach Hause gehen?

Hort oder Schlüsselkind?

Zunächst einmal sollten Eltern bei der Auswahl der Schule darauf achten, welche Nachmittagsbetreuung in der Schule überhaupt angeboten wird. Bietet die Schule einen Hort an? Gibt es eine Hausaufgabenbetreuung oder vielleicht auch betreute AGs am Nachmittag? Wird eine Betreuung am Nachmittag benötigt, sollte auch dieser Faktor eine Rolle bei der Auswahl der Schule spielen. Wenn es keine Auswahlmöglichkeit gibt, weil es z. B. nur eine Grundschule in der Nähe gibt, die schnell zu erreichen ist, kann dies von vorn herein in die weitere Planung miteinbezogen werden.

Beispielhafter Tagesablauf der Ganztagsbetreuung der Grundschule Kielort in Hamburg

12:30 bis 14:20 Uhr	MITTAGESSEN HAUSAUFGABEN
14:30 bis 16:00 Uhr	SPIELZEIT
16:00 bis 18:00 Uhr	SPÄTDIENST

Die Nachmittagsbetreuung beginnt um ca. 12:50 Uhr für alle Kinder in ihren Klassen, wo sie von ihren Betreuer:innen begrüßt werden und gemeinsam in den Nachmittag starten.

In der Zeit von 12:30 Uhr bis 14:20 Uhr wird umschichtig in den Gruppen zu Mittag gegessen. Es gibt zwei Kombüsen, was die Mittagssituation entspannt. Danach erledigen die Kinder ihre Schulaufgaben unter pädagogischer Aufsicht in ihren Klassenräumen und haben freie Zeit zum Spielen.

Die Zeit von 14:30 Uhr bis 16 Uhr steht den Kindern und ihren Betreuer:innen für gemeinsame Aktionen, Angebote, Spiele etc. zur Verfügung.

Es gibt feste Abholzeiten um 15 Uhr und zum Ende der regulären Ganztagsbetreuung um 16 Uhr. Diese festen Zeiten dienen dem Interesse des Kindes, denn nur so können Angebote und Freizeitgestaltung ungestört ausgeführt werden.

Ab 14:30 Uhr starten in der Regel die Kurse, an denen die Kinder einmal wöchentlich teilnehmen können. Die Kinder, die an dem jeweiligen Tag keinen Kurs gewählt haben, verbringen die Zeit beim freien Spiel mit Freund:innen, mit ihren Betreuer:innen oder bei offenen Freizeitangeboten und Aktivitäten.

Der Spätdienst findet von 16 Uhr bis 18 Uhr auf dem Schulhof und in der Aula statt. Da meistens nur noch wenige Kinder da sind, werden alle gemeinsam betreut und haben viel Zeit zum Spielen, Toben, Basteln, Malen, Erzählen, (Vor-)Lesen …

Welche Art der Betreuung die Eltern wünschen, können sie selbst entscheiden bzw. auch schauen, was sie an Zeit benötigen. In den meisten Schulen muss sich auch nicht für eine Variante entschieden werden, sondern es kann tageweise ausgemacht werden, wie lange das Kind in der Schule bleibt.

»Schlüsselkinder«

Ab einem gewissen Alter kann ein Kind den Weg von der Grundschule nach Hause alleine bewältigen. Welche Voraussetzungen dafür gegeben sein müssen, erklärt die angehende Kinderpsychologin Katharina Meier-Batrakow.

KATHARINA MEIER-BATRAKOW
arbeitet in Teilzeit in einer Klinik für Kinder- und Jugendlichen-Psychiatrie und hat im Frühjahr 2020 den »Elternschirm« gegründet. In geschütztem Rahmen bietet sie Beratung für Eltern, Familien und Pädagog:innen an. Sie ist Mutter einer Tochter.
www.kipsy-katharina.de

Der Schulweg

Das Kind muss den Weg von und zur Schule kennen und alleine bewältigen können, dazu zählen Ampeln, große Kreuzungen und Zebrastreifen. Das Kind muss zudem in der Lage sein, den Schlüssel an einem Ort aufzubewahren, wo es ihn sicher wiederfindet und nicht verbummelt. Wenn das Kind Angst hat oder noch Bedenken äußert, nichts erzwingen – die Entwicklung ist hier individuell. Dann lieber noch einige Zeit gemeinsam gehen und üben oder mit anderen Kindern verabreden.

Das Zuhause

Möchte man, dass das Kind auch eine kurze Zeit alleine zu Hause überbrücken kann? Dann sollte man sicherstellen, dass das Kind mit den Hindernissen zu Hause gut und sicher klarkommt. Das fängt bei Gefahrenzonen wie Herd und Ofen an, aber auch Themen wie Mahlzeiten und Medienzeit sollten vorab genau besprochen werden. Es kann durchaus eine Möglichkeit sein, dem Kind eine Mahlzeit vorzubereiten und zu verabreden, dass es diese vor dem Fernseher essen darf, wenn man beispielsweise weiß, dass man eine halbe Stunde später dann selbst auch zu Hause ist.

Ab welchem Alter es möglich ist, Kinder allein zu Hause zu lassen, hängt ganz von dem Kind ab. Sind Kinder sehr organisiert oder erfahren, im Sinne von viel in die Aufgaben zu Hause einbezogen und sich im häuslichen Umfeld auskennend, dann können sie durchaus mit zehn Jahren schon mal alleine zu Hause sein. Es sollte auch das Thema Umgang mit Ansprache von Fremden besprochen werden sowie ein »Notfallplan«, wen das Kind kontaktieren kann, falls etwas nicht in Ordnung sein sollte, z. B. Nachbar:innen, Mama (Handy), Oma oder Opa.

Ferienbetreuung

Einzelne regionale Feiertage, Brückentage oder Fortbildungstage, bei denen Schule und Kita geschlossen sind, die Eltern aber trotzdem arbeiten müssen, kann man gut mit einer Elternallianz abfedern. Mit ein wenig Planung kann man sich so mit ein paar Eltern zusammenschließen und jeder nimmt einmal im Wechsel die Kinder, während die anderen arbeiten, so minimieren sich die Sonderurlaubstage recht schnell auf wenige im Jahr.

Bei den Schulferien sieht das meistens schon anders aus. Im Durchschnitt haben Schulkinder in Deutschland 14 Ferienwochen im Jahr. Bei durchschnittlich 30 Urlaubstagen ist es eine ganz einfache Rechnung: Entweder nimmt man als Eltern ausschließlich getrennt voneinander Urlaub, damit die Zeit überbrückt werden kann, oder man muss sich Hilfe suchen.

Auch hier kann man natürlich einzelne Tage mit anderen Eltern oder Großeltern überbrücken. Vielleicht findet man aber auch eine Familie, mit der man sich tatsächlich abwechselt und jeder eine Woche die Kinder bis 15 Uhr übernimmt, dafür in der nächsten Woche arbeiten gehen kann und die andere Familie beschäftigt die Kinder. Vielleicht können auch Oma und Opa im größeren Stil einspringen und ein paar Tage die Woche aushelfen.

Eine weitere Möglichkeit kann es sein, dass das Kind alleine Ferien machen darf: bei Oma und Opa, bei der Tante oder dem Onkel. Eventuell kommen auch schon betreute Ferienangebote wie Urlaub auf dem Reiterhof oder ein Fußballcamp infrage.

Es gibt verschiedene Anbieter, die sich auf diese Art von Reisen spezialisiert haben:

www.bauernhofurlaub.de

Ab einem Alter von sechs Jahren können Kinder bis zu sieben Tage alleine den Urlaub auf dem Bauernhof verbringen. Sind sie schon älter, sind Ferien bis zu zwei Wochen möglich. Die Kinder werden dabei in einer Gastfamilie mit anderen Kindern direkt auf dem Hof untergebracht und versorgt.

www.ferien-camps.de

Hier können sportbegeisterte Kinder und Jugendliche sich so richtig austoben. Ob Fußball, Segeln, Reiten, Turnen, Tennis oder Kajak – alles ist dabei. Neben Sportcamps werden auch Abenteuer- und Kreativcamps angeboten.

www.juvigo.de

Juvigo ist ein Spezialist für Kinderreisen ohne Eltern. Von Klettercamps über Snowboard-, Segel- oder Kreativcamps können sich Eltern und Kinder genau das aussuchen, was für sie passt und sich in ihrer Nähe befindet.

In vielen Großstädten gibt es zudem ein buntes Ferienprogramm. Das bekannteste ist sicherlich der Ferienpass.

DER FERIENPASS

Der Hamburger Ferienpass ist einer der ersten Ferienpässe der Bundesrepublik, wenn nicht sogar der erste. Der Hamburger Ferienpass wurde 1969 von Senat und Bürgerschaft der Freien und Hansestadt Hamburg einstimmig beschlossen und vom Amt für Jugendförderung bei der Jugendbehörde herausgegeben. Hintergrund war damals weniger die Beschäftigung während der Arbeit der Eltern, sondern die Idee, Kindern und Jugendlichen, die nicht oder nur kurz verreisen, spannende Ferien in der eigenen Stadt zu ermöglichen. Im Mittelpunkt stand und steht eine selbstbestimmte und abwechslungsreiche Feriengestaltung mit Förderung der Mobilität und Ausgleich sozialer Benachteiligungen.

So stand dann im ersten Ferienpass auch im Wesentlichen die selbstständige Erkundung der Stadt im Mittelpunkt, mit Empfehlungen für Museen, der Besichtigung der Elbtunnelbaustelle, des Flughafens u. Ä., aber auch mit Tipps für Spielplätze, Schwimmbäder und Häuser der Jugend. »Hamburg entdecken« war bis weit in die 1970er Jahre das Motto des Ferienpasses, der langsam um Aktivitäten für die ganze Familie im Hamburger Umland erweitert wurde. Erst in den 1980er Jahren kamen einige wenige betreute Wochenangebote hinzu, die berufstätige Eltern entlasteten. Mittlerweile überwiegen die betreuten Angebote.

Hier findet ihr häufig ebenfalls Angebote für einzelne Ferientage:

- Angebote der Museen oder anderer Kulturstätten wie Theater
- Bücherhallen
- Sportvereine
- Volkshochschulen
- Zoos und Wildparks
- Örtliche Vereine für Ferienfreizeit z. B. Fußballcamp, Reiterferien, Tanzcamp

Die Sache mit den Hausaufgaben

Hausaufgaben müssen in der Regel zu einem Zeitpunkt erledigt werden, an dem die Kinder bereits einige Stunden in der Schule waren und Wissen aufnehmen mussten. Die Eltern kommen aus einem eventuell stressigen Arbeitstag und manchmal prallen so Eltern und Kinder in der ungünstigsten Konstellation aufeinander. Das Kind braucht Hilfe bei den Aufgaben, die Eltern sind eventuell mit dem Stoff aber auch nicht mehr so vertraut, sodass sie ebenfalls überfordert sind.

Bei einer Ganztagsschule ist oft eine Hausaufgabenbetreuung angeschlossen. Das kann eine unheimliche Last von Eltern und Kindern nehmen, da sie nicht nach einem langen Arbeits- bzw. Betreuungstag noch Schulaufgaben machen müssen, sondern ihre Eltern-Kind-Beziehung leben können. Erledigen Eltern und Kinder die Hausaufgaben gemeinsam, hat Kinderpsychologin Katharina Meier-Barkow ein paar Tipps für einen entspannteren Ablauf parat:

PROFITIPP

KATHARINA MEIER-BATRAKOW

arbeitet in Teilzeit in einer Klinik für Kinder- und Jugendlichen-Psychiatrie und hat im Frühjahr 2020 den »Elternschirm« gegründet. In geschütztem Rahmen bietet sie Beratung für Eltern, Familien und Pädagog:innen an. Sie ist Mutter einer Tochter. www.kipsy-katharina.de

„ Sich als Lehrerersatz fühlen geht in der Regel schief. Die Kinder verhalten sich bei ihren Eltern nicht wie in der Schule oder ihrem sozialen Gefüge. Sie lassen bei den Eltern das raus, was sie gerade fühlen. Sie reißen sich nicht zusammen, man bekommt den Frust und die Wut in der Regel ungefiltert zurück. Selbst wenn die Eltern Lehrer:innen sind, sind sie für ihre Kinder eben Mamas und Papas. Man sollte nicht den Anspruch an sich haben, dass das Kind alles mitmacht und ›funktioniert‹ wie in der Schule. Man sollte in der Eltern-Kind-Beziehung bleiben.

So klappt gemeinsames Lernen

Gemeinsam einen Vertrag erstellen

Beide Seiten dürfen Regeln aufstellen. Das kann von Seite der Kinder z. B. sein: Mama und Papa sollen mich nicht anschreien, sie sollen nichts nebenbei machen (Smartphone bedienen, essen oder fernsehen), sie sollen mich ausreden lassen und nicht direkt verbessern. Die Eltern können z. B. festhalten, dass sie sich wünschen, dass eine Aufgabe zunächst beendet wird und nicht zwischen den einzelnen Themen und Aufgaben hin- und hergesprungen wird.

Nicht mehr verlangen, als verlangt wird

Dem Kind nicht zusätzlich zu den Hausaufgaben noch extra Aufgaben stellen oder anderweitige Übungen aufnötigen. Das macht den Eltern nur mehr Druck und die Kinder haben in der Regeln nach drei Tagen weder auf Hausaufgaben noch die Extraaufgaben Lust.

Motivation von außen

Es kann für einige Kinder motivierend sein, mit anderen Kindern eine Lerngruppe zu bilden – digital oder persönlich. Auch Lernapps oder Online-Planspiele können eine Art der Motivation sein, da sie spielerischer sind. Darauf achten, dass nicht das Tablet von Papa verwendet wird, auf dem auch noch Netflix und Co. instal-

liert sind, sondern eines, das wirklich nur das entsprechende Programm freischaltet. Es sollte unbedingt eine Hausaufgabensituation herrschen, keine Spielsituation.

Zeitfenster finden

Es ist hilfreich, gemeinsam mit dem Kind das richtige Zeitfenster zu finden. Manche Kinder müssen sich nach der Schule erst mal bewegen und angestaute Energie und Frust rauslassen, andere möchten sich direkt an die Aufgaben setzen, um sie schnell hinter sich zu bringen. Eltern sollten den Kindern nicht ihre eigenen starren Regeln auferlegen. Das Kind muss nicht jeden Tag zwischen 16 und 17 Uhr Hausaufgaben machen, wenn es vielleicht andere Pläne und Vorstellungen und Bedürfnisse hat.

Eigenverantwortung fördern

Ab der Grundschule kann man Kindern schon spiegeln, dass sie die Konsequenzen, die einhergehen, wenn sie die Hausaufgaben nicht gemacht haben, selbst tragen müssen. Man bietet seine Unterstützung und verschiedene Lösungen an, aber man kann ein Kind nicht zwingen. Man kann jedoch gemeinsam besprechen, was für ein Modell sich das Kind wünscht.

WER, WIE, WAS?

Der Raum, in dem gemeinsam gelernt wird, spielt tatsächlich eine wichtige Rolle. Der Tisch, an dem das Kind lernt, aber auch die Umgebung sollten ordentlich sein und genug Platz bieten, um Arbeitsmaterialien auszubreiten. Es sollte etwas zu trinken bereitstehen und möglichst keine äußeren Ablenkungsfaktoren wie z. B. ein laufender Fernseher oder ein Radio in Sicht- bzw. Hörweite sein. Gut organisierte Unterlagen, sauber geführte Hausaufgabenhefte und bereits abgeheftete Blätter machen es wiederum den Eltern leichter, sich einen Überblick über das Thema und die zu erlernenden Inhalte zu verschaffen.

Nicht kontrollieren, sondern begleiten

Kinder möchten häufig auch zeigen, was sie gerade in der Schule machen und was sie jetzt gerade in der Zeit geschafft haben. Wenn man die Aufgaben nicht gemeinsam erledigt, sollte in regelmäßigen Abständen zusammen hinterher draufgeschaut werden. Kinder wollen selbstwirksam sein und kompetent wirken. Ehrliches Interesse ist ihnen wichtig – besonders älteren Kindern, die nicht mehr begleitet werden müssen.

Co-Working-Space sein

Lernen am Modell ist hier das Stichwort. Das Kind macht seine Hausaufgaben und die Mama oder der Papa »arbeiten« auch. Das kann ein Buch lesen sein, aber auch leichte Bürotätigkeit. Aufgaben, für die man hochkonzentriert sein muss oder telefonieren möchte, sind hier allerdings fehl am Platz. Das Kind sollte den Raum und die Möglichkeit haben, bei Fragen Bescheid zu sagen.

Belohnungssystem:
Ja oder Nein?

Wenn man es schafft, dass Kinder von sich heraus motiviert sind, etwas zu tun, nennt man dies intrinsische Motivation. Ich helfe Mama, weil ich weiß, dass Mama sich freut und wir mehr Zeit zusammen haben. Kinder sind in der Regel intrinsisch motiviert. Kinder wollen lernen und in soziale Gruppen integriert sein und dass es ihren Eltern gut geht. Es ist zwar anstrengender, aber sinnvoller, Kinder über die Beziehung zu motivieren.

Extrinsische Motivation oder auch Belohnungen: Hierbei tut das Kind etwas, weil es etwas dafür bekommt: mehr Fernsehzeit oder bestimmte Süßigkeiten. Wenn man diesen Weg wählt, sollte man nicht mit Süßigkeiten, Geld o. Ä. belohnen, sondern die Belohnung sollte die gemeinsame Zeit sein. Also nicht ein Eis versprechen, sondern dass man die Zeit hat, um z. B. ein Eis essen zu gehen.

Aber: Die extrinsische Motivation fliegt einem oft spätestens um die Ohren, wenn die Kinder sich z. B. das Eis selbst kaufen können.

Eine weitere Möglichkeit, um Kinder zu motivieren, können digitale Lösungen sein.

PROFITIPP

STEPHAN BAYER
ist Gründer und Geschäftsführer von »sofatutor«, der umfangreichsten Online-Lernplattform im deutschsprachigen Raum. Der studierte Soziologe ist Experte für digitale Bildung und seit Neuestem frischgebackener Papa.
www.sofatutor.com

> **„ Ein gutes Erklärvideo lässt dich mit dem Gefühl zurück, alles verstanden zu haben – und man hat Lust, sein Wissen direkt in Lernübungen auszuprobieren. sofatutor begleitet das Lernen mit Lernspielen, Lernvideos zu verschiedenen Themen und Schwerpunkten. Wir entlasten Eltern, die nicht ad hoc Nachhilfelehrer:innen für ihre Kinder sein können – oder wollen.**
>
> STEPHAN BAYER

Die Kinder lernen manchmal in fünf Fächern am Tag etwas Neues. Da jede Stunde noch einmal zu begleiten oder mit dem Kind nachzuarbeiten, ist zu viel.

Wenn ich merke, mein Kind kommt bei der Zinsrechnung noch nicht so mit, kann ich als Elternteil einsteigen und meine Unterstützung anbieten und den Stoff entweder selbst erklären, ein Lernvideo anschauen oder eine spielerische Übung durchführen lassen.

Stephans Tipps
für Lernen nach Plan

Besonders bei älteren Kindern ist es wichtig, Bescheid zu wissen, wann diese ihre Tests oder Klassenarbeiten schreiben, und sich dann Zeit vor einer Leistungsüberprüfung zu blocken.

Gemeinsam den erlernten Stoff reflektieren: Weißt du denn, was der oder die Lehrer:in ungefähr abfragen möchte, weißt du, was die Themen der letzten Wochen waren? Es geht nicht darum, sich als Mama oder Papa dafür verantwortlich zu fühlen, das Thema dann auch erklären zu können. Lieber durch gezielte Fragen dem Kind bewusst machen, was es gerade in sein Lernportfolio gepackt hat und wie es damit arbeiten kann.

DIGITALE LERNHELFER

Sofatutor
www.sofatutor.com

Sofatutor bietet den Nutzer:innen Lernspiele, Lernvideos, Lernübungen, Arbeitsblätter und einen interaktiven Hausaufgabenchat. Das Programm ist geeignet für Grundschüler:innen bis hin zum Schulabschluss.

Scoyo
www.scoyo.de

Das scoyo-Lernspiel wurde mit Bildungsexpert:innen (Lehrer:innen, Schulbuchverlagen, Universitäten, Pädagog:innen …) entwickelt und richtet sich an die Schulklassen 1–7.

Edoki: Montessori-Vorschul-App
www.montessori.edokiacademy.com

Die Montessori-Vorschule bietet die umfassendsten Lernspiele zum Lesen und Schreiben lernen, aber auch Chinesisch und Programmieren sind Themengebiete für Kinder von drei bis sieben Jahren.

Das habe ich in diesem Kapitel gelernt

1
2
3
4
5

Das wollen wir jetzt (ver-)ändern

1
2
3
4
5

Net(t)zwerken - Bildet Banden!

Man kann als Eltern vieles – gleichzeitig Hausaufgaben betreuen, Essen kochen, Fußballtrainerin und Tanz-Choreograf sein zum Beispiel – ABER man kann nicht alles allein schaffen. Ob im Job oder in der Familie, Mitstreiter:innen, Freund:innen und Verbündete sind elementar wichtig, um in dem ganzen Trubel einen kühlen Kopf zu bewahren.

Ob es das schnell verabredete Spielplatz-Date nach der Kita ist, das abwechselnde Abholen der Kinder von der Schule oder der Kaffee, bei dem man einfach mal kurz sagen darf, dass man am liebsten am Tisch einnicken würde, weil das Baby einfach nicht schlafen mag – Verbündete, Partner:innen, Freund:innen sind für Eltern unheimlich wichtig.

W ir sind mit unserer Tochter von Berlin nach Hamburg gezogen, als sie neun Monate alt war. Mein Mann blieb bei seinem alten Arbeitgeber, fuhr einmal die Woche nach Berlin und war den Rest der Zeit im Home Office. Unsere Wohnung hat drei Zimmer: Kinderzimmer, Wohnzimmer und Schlafzimmer. Ein Büro, mit richtig Platz war nicht vorgesehen. Spätestens seit Corona wissen viele Menschen, was es bedeutet, wenn man mit einem (Klein-)Kind zu Hause arbeitet: Klappt, aber ist irgendwie ein organisatorischer Mammutakt. Da ich noch in Elternzeit war, vereinbarten wir, dass ich während seiner Meetingzeit mit unserer Tochter draußen sein würde, damit mein Mann in Ruhe arbeiten konnte. Ich kannte zu der Zeit niemanden mit Kind in der neuen Stadt. Ich musste mir etwas einfallen lassen. Ich habe mir also auf dem Spielplatz die Mütter rausgesucht, die mir am sympathischsten erschienen, und sie einfach angesprochen: »Hallo, ich bin neu hier, wollen wir uns nicht morgen wieder hier treffen?« Eine liebe Freundin habe ich so an der Ampel kennengelernt, als sie ihr strampelndes Kleinkind auf dem einen Arm hatte und den leeren Kinderwagen mit der anderen schob und ich einfach nur meinte: »Ich kenne das auch so gut!« Wir kamen ins Gespräch, tauschten Nummern aus und wurden Freundinnen. Partners in Crime. Natürlich liegt diese Art von Offenheit nicht jedem Menschen. Man kann aber in Situationen, die man bereits kennt, leicht(er) Anknüpfungspunkte finden und traut sich beim Elternabend, beim Abholen der Kinder von Kita oder Schule, beim Laternelaufen oder bei der Weihnachtsfeier vielleicht eher mal, andere Eltern anzusprechen.

Hat man erst einmal eine oder mehrere solcher »Verbündeter« gefunden, sind viele Dinge leichter. Playdates nach der Kita vereinbaren z. B. geht viel leichter, wenn sich auch die Eltern kennen und nicht nur die Kinder. Man kann ehrlicher sein und leichter um Hilfe bitten, wenn es darum geht, dass z. B. das eigene Kind mal von einem anderen Elternteil mit abgeholt werden soll. So entsteht nach und nach eine Gemeinschaft, die ein zusätzliches Notfallnetz darstellt, wenn man mal ausfällt, zu spät ist, Probleme auftreten oder man vielleicht einfach mal gemeinsam meckern möchte, wie anstrengend gerade alles ist.

Besonders Vätern fehlt in der Elternzeit oft ein Anknüpfungspunkt zu anderen Vätern. Dafür gibt es in Einrichtungen wie Elternschulen, Familienbildungsstätten oder Volkshochschulen oft extra Väter-Treffs. Je mehr Väter auch andere Väter kennenlernen, je eher sind sie nicht in der »einziger Mann«-Situation, die viele auf dem Spielplatz oder beim Kinderturnen fürchten – und die leider in vielen Fällen eben auch noch der Realität entsprechen. Wenn auch sie einen Austausch- oder Sparringspartner haben, ist die Motivation, sich am Wochenende die Kinder zu schnappen und gemeinsam einen Ausflug zu machen oder sie vom Kinderturnen abzuholen, häufig viel höher.

Auch hier kann uns die digitale Welt natürlich helfen, solche Verbündete ausfindig zu machen. Wer mag, kann bei Facebook zahlreichen Gruppen von Müttern und auch Vätern in der Nähe beitreten. Dies ist meist besonders für Familien mit kleinen Kindern und Babys eine gute Möglichkeit, in Kontakt zu kommen. Auch auf Instagram finden oft Mütter und Väter zusammen, die in der Nähe wohnen oder sich digital austauschen möchten.

ANLAUFSTELLEN

Digitale Anlaufstelle für Alleinerziehende (Mütter)
Gut alleinerziehend:
Der Blog von Silke Wildner bündelt Wissen und macht Mut. Dazu gibt es einen Podcast und eine Facebookgruppe, in der Kontakte gefunden und Inhalte miteinander geteilt werden können.
www.gut-alleinerziehend.de
Es gibt zudem in jeder Stadt Treffs und Verbände, die Hilfe und Beratung anbieten, jedoch auch regelmäßige Treffen, um sich ein Netzwerk aufzubauen.

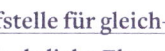

Digitale Anlaufstelle für Alleinerziehende (Väter)
Speziell an getrennt lebende Väter richtet sich der **Verein Väteraufbruch**, der sich dafür einsetzt, dass auch getrennt lebende Kinder mit beiden Elternteilen aufwachsen dürfen.
www.vaeteraufbruch.de

Anlaufstelle für gleichgeschlechtliche Eltern
Ilse: Initiative lesbischer und schwuler Eltern
Hier finden Regenbogenfamilien vier verschiedene regionale Gruppen, in denen Austausch, Netzwerk und Hilfestellungen für gleichgeschlechtliche Familien oder Partner:innen angeboten werden.
www.lsvd.de/de/ct/998-Wo-finde-ich-andere-Regenbogenfamilien-lesbische-Muetter-und-schwule-Vaeter

Make it work –
Verbündete im Job finden

Ein vollzeitarbeitender Mensch verbringt durchschnittlich 40 Stunden pro Woche mit seinen Kolleg:innen, häufig werden diese zu Vertrauten, zu Verbündeten, mit denen man beim Lunch über die Vorgesetzten meckert, sich zu einem Projekt austauscht oder gemeinsam ein Feierabendbier trinken geht. Wer in einem Team arbeitet, ist Teil einer Gemeinschaft. Wenn jetzt aber ein Gemeinschaftsmitglied plötzlich keine Zeit mehr für die Mittagspause oder den Plausch hat, finden diese in der Regel weiter statt, nur ohne das Mitglied, das es zeitlich nicht mehr schafft. Die Folge: Man verpasst etwas und das kann oft entscheidend sein. Neben Klatsch und Tratsch werden hier oft auch ergänzende Punkte zu Projekten geklärt, eine Information, die dann an anderer Stelle fehlt. Und ein solches Team-Netzwerk ist nicht nur zum Austausch von Kleinigkeiten da, sondern oft karriereentscheidend.

Genau dies berichten viele Frauen, die Teilzeit arbeiten und ihr Kind bei einer 30-Stunden-Woche um 15:30 Uhr von der Kita oder der Schule abholen wollen. Häufig müssen sie sich ohnehin schon dafür rechtfertigen, nicht bei dem Termin um 16 Uhr dabei zu sein, und dann fehlt eben oft auch der regelmäßige Austausch. Man verliert den Anschluss an Themen und das interne Büronetzwerk bekommt Risse. Viele »Teilzeit-Mütter« nehmen das als zusätzlichen Stressfaktor wahr.

Tipps, um das Büronetzwerk zu stärken:

Einen Tag in der Woche eine Mittagspause machen. Entweder arbeitet man die Stunde abends nach, man regelt es so, dass Partner:in, Oma oder ein:e Babysitter:in an dem Tag das Abholen übernimmt, oder das Kind besucht an diesem Tag eine:n Kindergartenfreund:in und man holt es von dort ab.

Die kleine Pause: Regelmäßig kleine Kaffee-Check-ins mit den Kolleg:innen planen. Fixe 15 Minuten auf einen Kaffeeaustausch: Das hebt bei allen die Produktivität und man bleibt im Loop.

Einen Plan machen, wann man sich mit welcher Kolleg:in trifft.

Manche Firmen bieten Stay-in-Touch-Programme während der Elternzeit an. Vorab informieren, was möglich ist.

PROFITIPP

ELLY OLDENBOURG
gehört zur Gen Y und hat einen multikulturellen Hintergrund. Seit über
neun Jahren ist sie Managerin bei
Google, davon vier Jahre in Teilzeit
und im Jobshare. Sie ist nebentätig
selbstständig, u. a. als Gastgeberin
von Salons, Autorin und Speakerin.
Elly ist Mutter von einem Sohn.
www.ellyoldenbourg.de

Wer sind deine Vorbilder – ganz konkret und
abseits vom Dalai Lama und Michelle Obama?
Finde ich eine bestimmte Unternehmer:in span-
nend, dann einfach mal überlegen: Kenne ich
jemanden aus ihrem oder seinem Dunstkreis,
der oder die mir vielleicht weiterhelfen kann?

Um Rat fragen! Um Rat gefragt werden ist
eigentlich ein sehr schönes Gefühl. Die meisten
Menschen helfen bei einer netten Anfrage, und
sofern das in ihren zeitlichen Mitteln möglich
ist, gern weiter – oder leiten die Anfrage ggf. an
jemanden weiter, der oder die helfen kann.

3

In einem Gespräch immer die Frage stellen:
Wen würdest du mir empfehlen? Mit wem
sollte ich noch sprechen? So eröffnen sich oft
ganz neue Möglichkeiten und Kontakte.

NETZWERKE

Netzwerke für berufstätige Mütter

Working Moms
Working Moms e. V. ist ein Netzwerk
engagierter berufstätiger Mütter. Die
Working Moms stehen dafür, dass Frauen
selbstverständlich beides haben können –
Kinder und Karriere.
www.workingmoms.de

▼

Mama Meeting
Mama Meeting bietet einen Ort für Inspirationen, zur Weiterbildung mit Kind und zum
Netzwerken. Statt über Stillen oder Pre-
Nahrung diskutierst du bei den Mama Meetings über Selbstständigkeit oder Angestelltenjob, über moderne Wege zur
Vereinbarkeit von Beruf und Familie, über
persönliche Ziele und Wünsche.
www.mamameeting.de

▼

Verband berufstätiger Mütter
Der Verband berufstätiger Mütter setzt
sich mit Lobbyarbeit, Informationen
und Vernetzung von Spezialist:innen für
Gehalts- und Rentengerechtigkeit, für
einen Wandel in der Arbeitswelt und Gesellschaft, für Beruf und Familie für Männer
und Frauen ein.
www.vbm-online.de

Das Netzwerk erweitern

Unser Netzwerk ist oft schon viel größer, als uns bewusst ist. Wir kennen mehr Menschen, als wir im ersten Moment denken – und diese können uns wiederum andere Menschen empfehlen, die uns bei einer Fragestellung, einem Problem oder auch schlichtweg einem fehlenden Role Model weiterhelfen können.

So kommt man vielleicht noch auf andere Menschen, die einem einen ganz anderen Horizont eröffnen. Vielleicht arbeitet der Onkel, Cousin oder die ehemalige Kollegin in einem Bereich, der für mich nützlich und interessant ist. Sicherlich kennt er oder sie dann jemanden, der oder die mir weiterhelfen kann.

Wenn man das schon einmal als Übersicht hat, kann man das Ganze natürlich auch digital machen. Einfach bei Xing, LinkedIn, Instagram und Facebook die Menschen durchgehen, die zum eigenen Netzwerk gehören.
Da warten manche Überraschungen! Menschen, mit denen man vor Ewigkeiten mal Kontakt hatte und die heute etwas ganz Neues, Spannendes machen oder mit denen man den Kontakt auffrischen möchte, weil sie jetzt in der gleichen Stadt leben.

Übung:
Die Kontakte-Mindmap

Für diese Übung brauchst du nur Papier und Stift. Wir schreiben eine Art Mindmap – für Kontakte.

▶ In die Mitte des Papiers kommt dein Name, von dem gehen alle Kontakte aus.

▶ Wo sind die Menschen, die nah an mir dran sind, welche Menschen sind physisch und räumlich weiter von mir weg?

▶ Wie dick sind die Linien? Diese Dicke steht für die empfundene Nähe zueinander: die beste Freundin lebt z. B. in einer anderen Stadt, aber die Linie ist dick. Kolleg:innen, die man jeden Tag sieht, sind nah an mir und meinem Alltag dran, weil ich sie täglich spreche und sehe, die Linie ist aber eher dünn, weil sie mir trotzdem nicht nahestehen.

Erstelle deine Kontakte-Mindmap

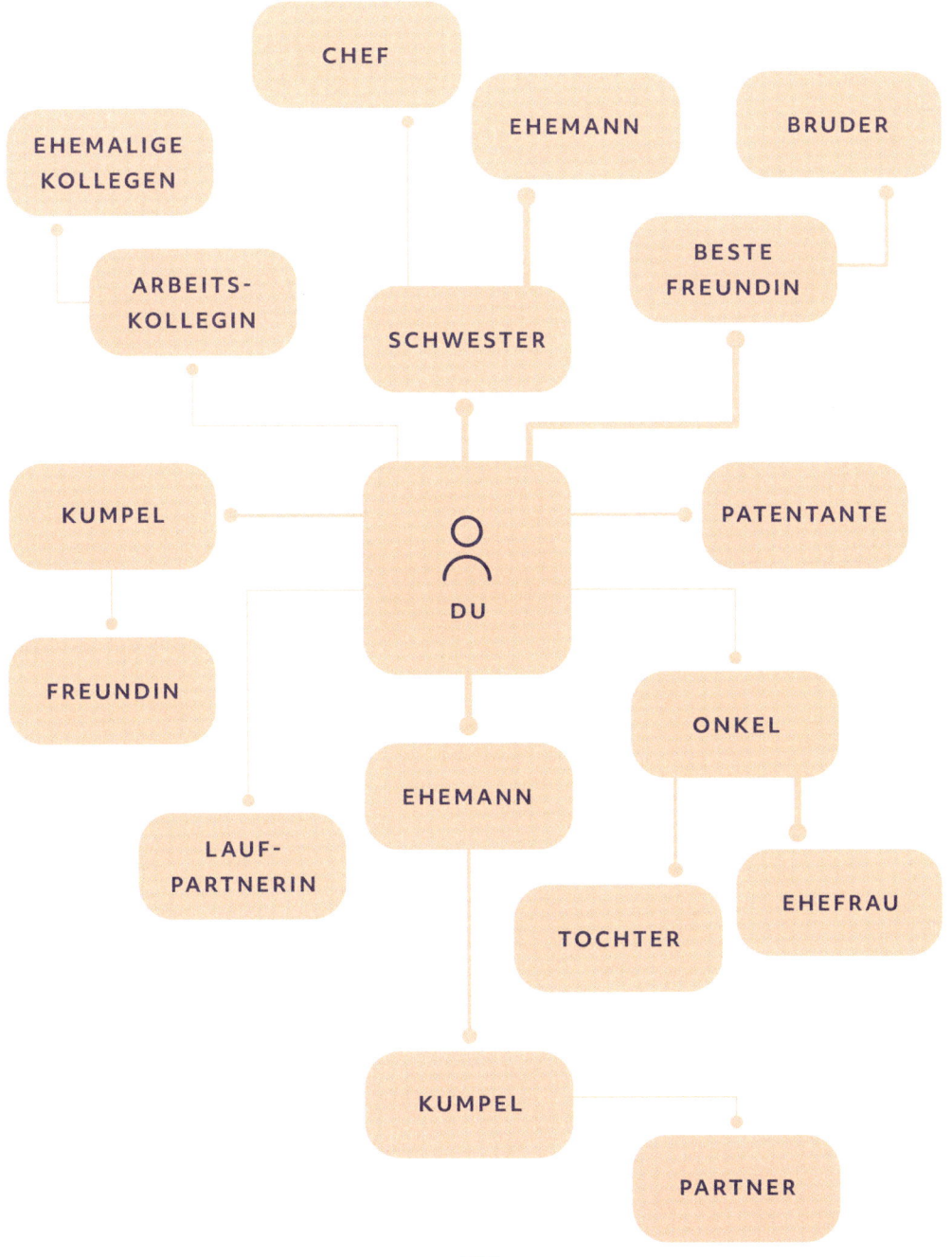

Zum Weiterlesen

▸ Work & Family

Stephanie Poggemüller schreibt auf ihrem Blog über verschiedene Themen rund um das Thema Vereinbarkeit von Familie und Beruf. Sie bietet zudem für Familien und Unternehmen Coachings in diesem Bereich an.

www.workandfamily.de

▸ Any Working Mom

In dem Schweizer Onlinemagazin bieten Andrea Jansen, Anja Knabenhans und Rebecca Krause eine Plattform für selbstbestimmte Mütter und Väter. Neben dem Magazin gibt es auch einen Concept Store und einen eigenen Podcast.

www.anyworkingmom.com

▸ Ohhh Mhhh

Mit Ohhh Mhhh hat Chefredakteurin Stefanie Luxat eine ganz eigene Welt geschaffen, mit Inhalten, die Frauen mit und ohne Kinder interessieren und bewegen, immer nah am Puls der Zeit, immer mit neuen Ideen, immer eine Inspiration.

www.ohhhmhhh.de

Zum Weiterhören

▸ Der 2-Stunden-Papa-Podcast

In diesem Podcast klärt Andreas die Frage: Muss ich mich als Vater zwischen Karriere und Familie entscheiden? Dabei spricht er immer wieder in Interviews mit verschiedenen spannenden Gästen und entdeckt so die besten Tipps, Tricks und Ideen, wie die Work-Family-Balance gelingen kann.

www.papa-online.com/papa-online-podcasts

▸ 2PAARSchultern

Im Podcast von Nadine Pniok und Robert Frischbier trifft New Work auf Vereinbarkeit. Die beiden sprechen im Interview mit verschiedenen Gästen über Themen wie die Grenzen des Home Office, digitale Kinderbetreuung, Jobsharing und Chancengleichheit.

www.2paarschultern.de

▸ New Work Moms

Im New-Work-Moms-Podcast berichten Eva Stiekema und Jenny Winkler über Mütter in der neuen Arbeitswelt und die Herausforderungen, denen sie sich gegenübersehen. Dabei laden sie sich immer wieder spannende Gesprächspartner:innen ein und sprechen über Themen wie Altersvorsorge, erfolgreich sein, ohne zu zerbrechen, und Body Positivity.

www.newworkmoms.de

Diese Personen habe ich durch das Kapitel neu kennengelernt

1

2

3

4

5

Diese Menschen haben mich in letzter Zeit besonders inspiriert

1

2

3

4

5

Self Care: Zwischen Me-Time und Paarzeit

Einfach mal gemeinsam ins Kino gehen, einen Spa-Tag mit der Freundin einlegen oder übers Wochenende wegfahren? Als Eltern ist das Wort »spontan« in den ersten Jahren komplett aus dem Wortschatz gestrichen – zumindest wenn es um Aktivitäten ohne die Kinder geht. In diesem Kapitel schauen wir uns an, was es für Tipps, Tricks und Möglichkeiten für ein bisschen mehr »me« und »us« in dem ganzen Familiengewimmel gibt.

8

Wir haben in den vorangegangenen Kapiteln viel darüber gesprochen, wie man sich im Alltag Zeit für eine gerechtere Aufteilung von Arbeit und Familie ermöglichen kann. Wenn also der Mental Load besprochen ist und die Pläne gemacht sind, steht einer entspannten Auszeit für sich selbst oder ein bisschen Paarzeit ja eigentlich nichts mehr im Weg. Oder?!

Warum ist es dann so, dass, sobald wir einmal innehalten, in der Badewanne liegen oder abends im Bett völlig k.o. das Licht ausmachen, uns ein Tsunami an Gedanken erfasst? Was steht in der nächsten Woche an, habe ich an alles gedacht? Hoffentlich schläft Kind eins heute mal durch, ich muss mich morgen wirklich auf die Präsentation konzentrieren. Ob Kind zwei sich wieder mit der besten Freundin vertragen hat? Wann muss man sich eigentlich um einen Schulwechsel kümmern? Habe ich gestern daran gedacht, meine schicken Schuhe für das Meeting noch zu putzen? Ich sollte wirklich mal wieder mehr Sport machen, als Ausgleich und gegen den Schlabberpo. Habe ich für das Meeting morgen an alles gedacht? Vielleicht sollte ich doch die rote Bluse mit der schwarzen Jeans anziehen, dann kommt der Schlabberpo weniger zur Geltung. Ich darf nicht vergessen, den Stick mit der

Präsentation in die andere Tasche zu stecken, die muss ich nehmen, weil auch noch das Sportzeug von Kind zwei reinpassen muss, wenn ich es später abhole. An Ersatzschuhe denken, mit den schicken Teilen kann ich später nicht auf den Spielplatz … Ich könnte ewig so weitermachen.

Dabei geht es gar nicht mal nur um To-dos, die haben wir ja hoffentlich erfolgreich geteilt. Auch die Verantwortung für Aufgaben und ganze Aufgabenfelder haben wir uns angeschaut und trotzdem ist er da, dieser fiese Tsunami.

Um die erarbeitete Zeit also auch für uns nutzen zu können und nicht in einem Fragen-Antwort-Aufgaben-Tsunami zu ertrinken, müssen wir erst einmal wieder lernen, was uns guttut und wie wir gedanklich zur Ruhe kommen können. Die wichtigste Frage, die wir uns nun stellen müssen, lautet daher: Was brauche ich jetzt?

Was brauche ich jetzt?

Übung

> **Wir haben in den Jahren, in denen Momente für uns so rar gesät waren, ein Stück weit einfach vergessen, was uns eigentlich guttut.**
> NINA PETTENBERG

Was habe ich mich nach ein wenig Zeit nur für mich gesehnt. Ich hatte auch noch Monate nach der Geburt und durch die vielen Spaziergänge mit der Trage unfassbar starke Rückenschmerzen, ich war müde und kaputt. Ich sehnte mich nach einer kräftigen Massage und einer Stunde Ruhe. »Kein Problem«, sagte mein Partner. »So einfach kann das also sein«, hüpfte mein Herz.

Gesagt, getan. Mann und Kind waren unterwegs, ich legte mich auf die Liege der Massagepraxis und war selten in meinem Leben so angespannt. Ich lauschte mit einem Ohr auf mein Handy – vielleicht werde ich ja gebraucht. In meinem Kopf tobte der Gedanken-Tsunami sich mal so richtig aus. Ich konnte mich nicht eine Minute fallen lassen oder die Zeit auch nur genießen. Nach der Massage hatte ich schlechte Laune und Kopfschmerzen. Und ich ärgerte mich. Über mich und dass ich nicht abschalten und loslassen konnte. Darüber, meine Zeit so »verschwendet« zu haben.

Nach ein paar weiteren Versuchen stellte ich fest: Ich kann nicht auf Knopfdruck entspannen. Ich brauche mehr Raum und ein bisschen »Anlaufzeit«. Wenn ich die Uhr im Nacken habe, hilft mir die schönste Massage nicht.

Manchmal wissen wir gar nicht, was uns jetzt gerade guttut und was wir brauchen, geschweige denn können wir das unserem Partner, unserer Partnerin vermitteln – oder könnte er oder sie es erahnen. Inner-Balance-Coach Nina Pettenberg hat mir ein paar Fragen verraten, die man sich in dieser Situation stellen sollte. Gerade wenn man es als Familie erst übt, die Aufgaben, To-dos und Verantwortlichkeiten zu teilen, ist man manchmal so sehr damit beschäftigt, für die eigene Zeit zu kämpfen, dafür einzustehen, sie zu bekommen, dass man dann total überfordert damit ist, sie jetzt auch wirklich zu haben, und gar nicht weiß, was man dann eigentlich mit sich und der Zeit anfangen soll.

▶ **Was braucht mein Körper:**
Bewegung? Ruhe? Berührung?

▶ **Was braucht meine Seele:**
Zeit in der Natur? Ablenkung? Kreativität? Oder lieber baumeln lassen?

▶ **Wie komme ich wieder in die Kraft:**
Etwas Gutes essen? Mit einem lieben Menschen reden? Ein heißes Bad?

▶ **Wie viel Zeit würde ich mir wünschen?**

▶ **Erlaube ich mir einfach mal nur das zu machen, was mir Spaß macht?**

Besonders der Punkt, wie viel Zeit ich mir wünsche, war für mich damals wichtig, denn als ich nach einer Massage noch alleine zurück in die Wohnung kam, mir da einen Kaffee machen und kurz durchatmen konnte, war ich danach wie ein neuer Mensch.

Das Erwartungsmanagement ist auch wieder ein wichtiger Punkt. Ich darf von mir selbst nicht erwarten, dass ich nach einer stressigen Woche von jetzt auf gleich in einen zenartigen Zustand gerate, nach einer Stunde Yoga, Massage oder Badewanne tiefenentspannt und lächelnd Mann und Kind in Empfang nehme. Gilt übrigens auch andersherum. Wenn mein Partner eine Auszeit hat, kann ich auch nicht erwarten, dass er danach zehn Jahre jünger aussieht, strahlt und sich völlig losgelöst auf jede sich bietende Aufgabe stürzt. Und das ist manchmal schwer auszuhalten. Man selbst hatte vielleicht einen stressigen Nachmittag mit den Kindern, um Partner oder Partnerin eine Auszeit zu ermöglichen, und fühlt sich »betrogen«, weil das Gegenüber nicht mit einem super Glow und Power für zehn aus dieser Auszeit zurückkehrt. Man unterschreibt aber mit einer Auszeit keinen Vertrag, der besagt »danach bin ich der größte Sonnenschein und mir kann das lauteste Gequengel der Kinder oder die angebrannte Pizza im Ofen nichts mehr anhaben«. Eine Lektion, die ich persönlich noch immer lerne, und etwas, was ich immer wieder üben muss.

Auch Mittagspausen müssen nicht zwingend mit Essen oder gehetztem »Ich muss nur noch schnell«-Besorgungen verbracht werden. Pausen sollten eins nämlich auf **keinen** Fall sein: effizient. Ich habe mir am Anfang bei einem Nachmittag alleine eine ganze Agenda an Dingen erstellt, die ich jetzt »endlich mal in Ruhe« erledigen kann. Und war danach völlig aus der Puste. Denn besonders die letzte Frage von Nina – »Erlaube ich mir einfach mal, das zu tun, was mir Spaß macht?« – können sehr viele Menschen mit haufenweise To-dos und Verantwortungen in den meisten Fällen mit Nein beantworten.

Was dabei hilft, sind feste Termine: Sportkurse z. B. oder eben Massagen, ein Termin beim Friseur, ein Essen mit der Freundin oder ein gemeinsamer Kaffee. Wenn etwas fest im Kalender steht und »gebucht« ist – womöglich noch bezahlt wird, ist es leichter, sich darauf einzulassen und auch einfach mal loszulassen.

TIPP BEI ANSPANNUNG

Das Autoradio an oder die liebste Playlist zu Hause aufdrehen. Wichtig ist nur, dass man alleine ist und laut sein kann. Jetzt noch mal lauter aufdrehen und aus vollem Hals mitsingen. Das löst manchmal alles. Ob hysterisches Lachen, Weinen oder einfach nur mal richtig tiefes Einatmen – es kann unheimlich befreien, ein paar Lieder lang einfach nur laut zu sein, das sind wir Eltern nämlich viel zu selten!

<u>Achtsamkeitsübung</u>

**" Wir wollen ja achtsam
sein, wir vergessen es nur
im Alltag oft wieder.**
ANNA WILITZKI

Um achtsamer mit seinem Leben und seinem Umfeld umzugehen,
kann man mit einem einfachen Trick arbeiten. Man kann sich ein Armband
aus einem Baumwollfaden umlegen oder einen Ring kaufen – wie man
mag, es geht nur um die Symbolik. Immer, wenn wir unser Symbol
anschauen, versuchen wir, achtsamer zu sein. Dabei helfen diese Punkte,
auf die man sich in dem Moment konzentrieren kann:

5 Dinge,
die ich
sehen kann

3 Dinge,
die ich
hören kann

4 Dinge,
die ich
riechen kann

1 Ding,
das ich
schmecken kann

Darauf achten und sich diese Dinge merken, dann geht man schon
einmal aufmerksamer durch den Alltag. Man muss gar nicht
alle durchgehen, es ist nur ein Anhaltspunkt, um Achtsamkeit im
Alltag zu üben.

Me-Time »erlauben« – ohne schlechtes Gewissen im Gepäck

Das klingt jetzt ziemlich einfach, werden viele denken: Wenn ich erst einmal Zeit für mich habe, werde ich die in vollen Zügen genießen. Tatsächlich reist das schlechte Gewissen aber immer irgendwie mit. Wenn das Kind weint, wenn man es in der Kita abgibt, obwohl man eigentlich Urlaub hat und den Vormittag »nur« für sich eingeplant hat. Wenn man dran ist, sonntags mal liegen zu bleiben, und die Kinder in ihrem Zimmer streiten hört.

Wenn der Mann einen stressigen Tag hatte, aber eigentlich an der Reihe ist, die Kinder ins Bett zu bringen. Gerade als man den Rechner zuklappen will, leuchtet eine E-Mail auf. Nur ganz kurz noch … Dann fällt es schwer, auf »ich genieße jetzt meine Freizeit« umzuschalten. Muss aber sein! Das weiß auch Alexa von Heyden, die selbstständig ist und nur zu gut weiß, wie schwer es ist, abzuschalten und sich eine Auszeit zu nehmen. Ob in Familie oder Job.

PROFITIPP

» Ich bin mein größtes Kapital und meine wichtigste Mitarbeiter:in in meiner Firma. Ich sehe Zeit für mich auch als eine Investition in meine Arbeitskraft – alles, was mir guttut und mich betrifft, mache ich nicht nur nebenbei, sondern sehe es als ebenso wichtig an und plane es auch entsprechend ein.

ALEXA VON HEYDEN

ALEXA VON HEYDEN
ist Autorin für deutschsprachige Printtitel und führende Online-Magazine. Die SPIEGEL-Bestseller-Autorin (»Hinter dem Blau«, »Meine Sonne. Mein Mond. Meine Sterne«) und Gründerin des Mode- und Interior-Blogs ALEXA PENG | VILLA PENG lebt mit ihrem Mann und ihrer Tochter in Brandenburg.
www.alexapeng.de

Manchmal reichen auch schon kleine Auszeiten

Es muss gar nicht immer der große Rundum-
schlag, das Wochenende im Spa Hotel oder der
Wellnesstag sein, manchmal reichen auch schon
die kleinen Alltagsauszeiten. In meinem ersten
Buch *Einfach machen – einfach gründen! – Der
Guide für Gründerinnen* habe ich die Frauen
ebenfalls danach gefragt, wie sie ausspannen
und in ihrem stressigen Alltag zwischen Selbstständigkeit und Familie Zeit für sich finden.
Zelda Czok, alleinerziehende Mutter und
Gründerin des Pflanzenparadieses Winkel
van Sinkel beschrieb darin, wie wichtig ihr eine
Morgenroutine ist. Der Kaffee, den man einfach
ganz in Ruhe und heiß genießen kann, wenn die
Kinder aus dem Haus sind und bevor man selbst
sich auf den Weg zur Arbeit macht. Andere
nutzen den Arbeitsweg optimal aus: Ein schönes
Hörbuch und einen Kaffee mitnehmen, statt sich
vom Stress der U-Bahn mitreißen lassen. Das
sind natürlich nur kleine Momentaufnahmen, sie
können aber auch schon einen ganzen Teil zur
Entspannung beitragen.

Große Auszeiten

Große Auszeiten können feste Tage im Monat
sein, die nur einer Person gehören. Diese werden
fest eingeplant und an den Tagen ist man für
nichts verantwortlich – auch wenn man nicht das
Haus verlässt.

»Bei den Self-Care-Tagen geht es gar nicht
darum, dass ich jetzt total viel mache und plane,
sondern es hilft manchmal, in stressigen Zeiten
zu wissen, in drei Tagen habe ich einen Tag für
mich, wo ich ganz für mich sein darf,

SELF CARE BEI DER ARBEIT

Bewegung: Bei einem Call einfach einen
Teil auf dem Balkon sitzen oder, wenn
möglich, spazieren gehen, so lädt man
Frischluftakku und Bewegungsakku auf.

**Mal eine halbe Stunde nicht erreichbar
sein.** Kurze Einheiten für sich selbst
einbauen, die nicht direkt den ganzen Tag
sprengen: 25 Minuten Workout oder
30 Minuten Telefon-Kaffeedate mit einer
Freundin in der Mittagspause.

Besonders im Home Office gilt: Nicht nur
den Arbeitsplatz ready machen, sondern
auch sich selbst fertig machen, geduscht
und angezogen kommt man häufig
schneller in den Arbeitsmodus.

Nein sagen, wenn freitags eine Deadline
oder eine wichtige Aufgabe vom Chef
reinkommt, die noch »ganz schnell« bis
Montagmorgen erledigt werden muss.
Nicht automatisch das Wochenende
für Arbeit verplanen. Oft lässt sich dann
nämlich sehr wohl noch etwas schieben.

—— PROFITIPP ——

ANNA WILITZKI

Die Psychologin und Paartherapeutin bietet die Emotionsfokussierte Paartherapie von
Sue Johnson für Paare, aber auch
Einzelsitzungen an. Sie möchte
Paaren helfen, sich auf der emotionalen Ebene neu zu begegnen,
um somit ein stärkeres Fundament
zu haben.
www.eine-psychologin.de

> ,, Sehe ich die Notwendigkeit einer Auszeit bei meinem Partner und ermögliche diese, ist dies eine Wertschätzung des Partners und seiner Erschöpfung. Darauf folgt idealerweise eine Wertschätzung für mich, die ich für ihn oder sie einspringe und übernehme.
>
> ANNA WILITZKI

mich nur um mich selbst kümmere. Das strahlt in die Tage vorher und nachher aus.

Ich selbst hatte nach dem ersten Corona-Lockdown einen Moment der totalen Erschöpfung. Wir waren beide an unsere Grenzen gegangen, mit einem Kleinkind zu Hause und zwei Jobs. Dazu schlief unsere Tochter schlecht und ich war am Rande meiner Kräfte. An einem Tag sagte ich zu meinem Mann, dass ich eine Nacht nur schlafen muss, ohne dass ich ihn aufstehen höre oder unsere Tochter nebenan weinen. Ich muss einfach mal raus. Und er sagte: »Alles klar, buch dir ein Hotel, wir schaffen das hier schon.« Ich fuhr am Sonntagnachmittag in ein Hotel am Meer. Ging spazieren, dachte nach, hörte Podcasts, lud mich selbst zum Essen ein und schlief. Ich duschte so lange ich wollte und frühstückte ausgiebig. Montags hatte mein Partner unsere Tochter in die Kita gebracht und ich holte sie wieder ab. Die beiden hatten einen prima Vater-Tochter-Sonntag und ich war erholt und sehr, sehr dankbar für diese spontane Möglichkeit. Natürlich kann nicht jeder spontan in ein Hotel fahren, aber vielleicht bei einer Freundin, der Tante, den Eltern oder der Nachbarin übernachten – gemeinsam kochen, eine Flasche Wein leeren, ausschlafen und gemeinsam frühstücken – bewirkt Wunder! Einige Wochen später war mein Mann übrigens auch eine Nacht am Meer. Allein, mit Fischbrötchen in der Hand, Musik auf den Ohren und jeder Menge Zeit für sich.

Paarzeit

> **Der Mental Overload ist die größte Gefahr einer Beziehung. Mit Affären kann man umgehen lernen, mit einer Unsicherheit im Gefühl kann man umgehen lernen, weil man oft weiß, dass etwas anderes dahinter liegt, aber der Mental Overload führt dazu, dass mindestens eine Person – leider sind es meistens die Frauen – sehr erschöpft ist. Damit ist häufig eine große Einsamkeit verbunden und auf lange Sicht ein emotionaler Rückzug vom Partner und der Beziehung.**
> ANNA WILITZKI

Kommunikation

Wir Menschen haben ein sehr gutes Schmerzgedächtnis, das uns sagt, wann wir wo verletzt wurden, darum ist es dann schwer, einen Cut zu machen und zu sagen, jetzt reden wir wieder »ordentlich miteinander«. Manche Frauen werden aus dieser Einsamkeit und Verzweiflung heraus im Gespräch sehr wütend und reden sich eine Liste an Dingen von der Seele, die sich bei ihnen angehäuft haben – was häufig nicht zu einer Lösung beiträgt. Denn die Frauen wollen in dem Moment oft gar nicht, dass ihr Gegenüber ihnen all diese Aufgaben und To-dos abnimmt, sie möchten eigentlich erst einmal

nur, dass ihre Not und die Überforderung gesehen werden. Durch die Wut zählen sie dann jedoch einfach alles hintereinander auf, es bricht regelrecht aus ihnen heraus. Das Gegenüber wird völlig überfahren, hat das Gefühl, nicht genug zu sein, alles falsch zu machen, und es tritt eine Hilflosigkeit auf. Dann zählt am Ende der oder die Partner oder Partnerin auf, was er bzw. sie alles macht. Und jeder geht in eine Art Anwaltsmodus, wo beide nur darum kämpfen, nicht der oder die Schuldige zu sein.

Übung: Zwiegespräch

Beim Zwiegespräch bekommt zunächst die eine Person eine gewisse Redezeit, z. B. zehn Minuten, und dann die andere. Dabei darf das Wort »Du« nicht verwendet werden, man macht keine Vorwürfe, Beispiele werden möglichst vermieden – denn oft liegt in einem Beispiel ein indirekter Vorwurf. Stattdessen formuliert man in der Ich-Form, was gerade ansteht und worum sich die eigenen Gedanken drehen. Dann wird getauscht und der andere darf ungestört sprechen, die Regeln bleiben dieselben.

Tipps für Kommunikation
in einer Beziehung von Anna

ANNA WILITZKI

Die Psychologin und Paartherapeutin bietet die Emotionsfokussierte Paartherapie von
Sue Johnson für Paare, aber auch
Einzelsitzungen an. Sie möchte
Paaren helfen, sich auf der emotionalen Ebene neu zu begegnen,
um somit ein stärkeres Fundament
zu haben.
www.eine-psychologin.de

Rechtzeitig ansprechen:

Probleme, Überforderungen, »nicht gesehen
fühlen« sollten immer rechtzeitig angesprochen
werden – bevor man wie ein angepikster
Luftballon platzt.

Achtsamkeit:

Was brauche ich, was braucht der andere gerade? Was braucht unsere Familie und wie
können wir einen gemeinsamen Nenner finden?

Wertschätzung:

Bereitschaft zeigen, etwas abzunehmen.
Ein Team sein und keine Aufträge verteilen.
Dann fühlt es sich für die eine Person nicht so an,
als ob die andere alles ablädt, und die
abgebende Person spürt mehr eine Freiwillig-
keit, wenn selbst etwas erkannt und
übernommen wird.

Diese Punkte können leichter und intensiver ausgeübt
und wahrgenommen werden, wenn es in der jeweiligen
Sprache der Liebe des anderen getan wird.

── BUCHTIPP ──

Fünf Sprachen der Liebe

»Fünf Sprachen der Liebe« wurde von dem amerikanische Paar- und Beziehungsberater Gary Chapman geschrieben. In dem Buch geht der Autor davon aus, dass es fünf Sprachen der Liebe gibt: Lob und Anerkennung, Zweisamkeit, Geschenke, die von Herzen kommen, Hilfsbereitschaft und Zärtlichkeit. Chapman vergleicht die Sprachen der Liebe mit einer Fremdsprache, treffen nun also Menschen mit unterschiedlichen Bedürfnissen, also Liebessprachen, aufeinander, kann es in der Kommunikation Probleme geben. Ein Beispiel: Die Frau steht in den meisten Fällen nachts auf, wenn das Kind wach wird. Sie wünscht sich, morgens ganz in Ruhe einen dampfend heißen Kaffee im Bett trinken zu dürfen – dann ist für sie die Liebessprache der »Act of Service«, also Hilfsbereitschaft. Wenn der Partner zwar ihr Bedürfnis nach dem Kaffee erkennt, ihr aber, statt ihr diesen liebevoll zubereitet ans Bett zu bringen, eine neue Kaffeemaschine kauft, wird es zwischen den beiden knallen. Die Frau fühlt sich völlig missverstanden und überhaupt nicht gesehen und der Mann hat eine aus seiner Sicht sehr liebevoll gemeinte Geste gezeigt, die überhaupt nicht die Wertschätzung erfährt, die er sich gewünscht hatte.

Zeit schenken

Besonders für Eltern ist sich gegenseitig Zeit zu schenken die großzügigste Geste von allen. Ganz wichtig ist es jedoch, sich gegenseitig zuzuhören und zu schauen, wo liegt denn das jeweilige Bedürfnis? Wann braucht der andere Zeit, um anzukommen, aufzuwachen oder loszulegen, und kann man die irgendwie ermöglichen?

Manchmal ist für denjenigen, der aus dem Büro nach Hause kommt, der Übergang sehr anstrengend. Man hat abgehetzt das Büro verlassen, musste zur Bahn rennen, kommt zu Hause rein und wird direkt von den Kindern mit Beschlag belegt. Manchmal kann hier eine halbe Stunde Wunder wirken. Wer die Möglichkeit hat, kann Partner oder Partnerin anbieten, erst einmal eine halbe Stunde durchzuschnaufen und dann reinzukommen. Vielleicht liest er oder sie noch schnell einen Artikel auf dem Smartphone, trinkt irgendwo noch einen Kaffee oder ein Kaltgetränk und kommt dann so zu Hause an, dass er direkt einsteigen und loslegen kann. Im Zweifel haben beide so mehr davon, als wenn einer 20 Minuten früher völlig abgehetzt in der Tür steht.

Gleiches gilt andersrum: Vielleicht hatte ein Partner eine anstrenge Nacht, hat sich um das Kind gekümmert und kommt am Morgen entsprechend schwer aus dem Bett. Es lädt den Beziehungsakku unheimlich auf, wenn der andere Partner ihm erst einmal 15 Minuten mit seinem Kaffee alleine im Bett gönnt. Der Start wird für alle entspannter – versprochen!

Dates vereinbaren

Es mag vielleicht spießig klingen, aber Verabredungen, und zwar geplante Verabredungen, sind das A und O, damit man auch wirklich Dates miteinander hat. Sonst kommt garantiert etwas dazwischen, man ist zu müde, findet doch keinen Babysitter usw.

Stattdessen sollten drei Date Nights pro Monat fest im Kalender eingetragen werden – ein Termin fällt garantiert aus, weil die Kinder krank sind, die Arbeit es nicht zulässt oder man selbst sich nicht wohlfühlt. Damit bleiben zwei feste Dates im Monat als Minimum – mehr geht natürlich immer.

Um die Verabredungen besonders zu machen und damit man nicht einfach die Lieblingsserie weiterschaut, hat Anna Wilitzki diese Tipps:

Jeder schreibt fünf Ideen für Dates auf eine Liste, davon sollten ein bis zwei Dinge sein, die ihr noch nie als Paar gemacht habt. Im Alltag hat man oft nicht die Zeit, sich etwas Schönes zu überlegen, und mit dieser Methode sind ruckzuck zehn Dates geplant.

Nun ist abwechselnd einer für das Date verantwortlich. Dieser Partner legt Ort und Zeit fest, reserviert den Tisch oder holt die Kinokarten oder was auch immer ansteht, organisiert den Babysitter und der andere darf sich einfach überraschen lassen.

Die Königsklasse: Die Kinder eine Nacht zu den Großeltern bringen und einfach mal ins Hotel gehen, in der eigenen Stadt oder als Kurztrip. Man ist sofort in einem anderen Gefühl zueinander und spricht über andere Themen.

Abends ist bei euch eher schlecht? Das geht prima tagsüber:

Lunch Date, wenn das Kind in der Kita oder Schule ist. Eine Stunde in Ruhe quatschen, lecker essen, vielleicht sogar eine Weinschorle oder ein Dessert bestellen.

Mini-Frühstück am Vormittag: Versucht einmal, alles etwas früher hinzubekommen, das Kind eine halbe Stunde früher in die Kita zu bringen und noch kurz gemeinsam einen Kaffee zu trinken und ein Croissant zu essen.

Ein schöner Abend kann auch zu Hause stattfinden: Ein neues Gesellschaftsspiel mit einer Flasche Rotwein spielen oder etwas Besonderes gemeinsam kochen ist auch schön!

7

Zwei Tage Urlaub im Jahr vom Familienurlaub abknapsen und nur als Paar nehmen. Diese Zeit wird gemeinsam genutzt, frühstücken gehen, klettern, spazieren, in die Sauna gehen oder was auch immer euch Spaß macht.

Grundsätzlich sollte bei Verabredungen gelten: Zehn Minuten darf über Kind und Organisatorisches geredet werden und danach über etwas anderes. Das kann am Anfang gar nicht so leicht sein. Wenn es beim ersten Mal nur ein Witz aus einer Serie ist, den man erzählt, oder dass man ein leckeres Eis gegessen hat, ist das ein Einstieg. Viele denken, solche Kleinigkeiten sind nicht wichtig genug, aber dadurch entfacht sich ein Gespräch. Man muss also nicht nur achtsam sein, sondern auch den Mut haben, sich Kleinigkeiten zu erzählen.

JUNI

MO	DI	MI	DO	FR	SA	SO
	1	2	3	4	5	6
7	8	9	10	11	12	13
14	15	16	17	18	19	20
21	22	23	24	25	26	27
28	29	30				

»Eltern sein, Paar bleiben«, das klingt immer so leicht gesagt. Tatsächlich verändert sich aber mit der Geburt eines Kindes so ziemlich alles in einer Beziehung. Es kommt ein ganz entscheidender Faktor dazu, der jede Menge Raum einnimmt und bestehende Regeln und Vereinbarungen gehörig auf den Kopf stellt. Die Herausforderung dabei ist es, sich weiter zu sehen – und zwar nicht nur im Kontext »Mama und Papa«. Eltern sind der Grundpfeiler einer Familie, hakt es in der Beziehung, spürt man das ganze Konstrukt wackeln. Laut dem statistischen Bundesamt haben die Hälfte der geschiedenen Paare minderjährige Kinder, davon finden 40 Prozent der Trennungen bereits im ersten Jahr nach der Geburt des Kindes statt. Einer der wichtigsten Gründe hierfür ist mangelnde Kommunikation. Eltern sprechen vor der Geburt oft eben nicht im Detail darüber, wie die Aufteilung des Haushaltes mit einem Baby sein soll. Wie man es eigentlich ohne Großeltern in der gleichen Stadt hinbekommt, auch mal Zeit zu zweit zu haben, wie wichtig oder unwichtig der jeweilige Beruf für den Partner ist und was für ein Druck mit der neuen Situation einhergeht. Wer nicht spricht, schluckt ganz viel Wut, Enttäuschung und Traurigkeit herunter – und hat keine Chance, eine Lösung zu finden oder auch Hilfe einzufordern.

Wenn dieses Buch euch also ein wenig zum Reden angeregt hat, wenn ihr mit anderen Wegen und Techniken vielleicht gemeinsam einen neuen Zugang zu den wichtigen Themen der Vereinbarkeit gefunden habt, dann ist bereits ein richtig großer Teil geschafft.

Mein allerletzter Tipp lautet daher jetzt noch: Nehmt euch Zeit! Füreinander, für gemeinsame Familienzeit und für Me-Time ohne den Partner. Nehmt euch Zeit, zu reden, bewusst etwas gemeinsam zu unternehmen, nehmt euch Zeit, hinzuschauen und immer wieder nachzujustieren. Es lohnt sich!

Das möchte ich in diesem Monat für mich tun

1

2

3

4

5

Das wollen wir in diesem Monat gemeinsam erleben

1

2

3

4

5

Unsere Expert:innen

In den Gesprächen mit unseren 17 Expert:innen habe ich
so viel gelernt – über neue Arbeitstechniken, einfache Tricks und
schlaue Fakten. Danke, dass ihr dabei seid, ihr habt
»Zwischen Laptop und Legosteinen« eine ganze Menge
Vereinbarkeit beigebracht.

Katharina Meier-Batrakow arbeitet in Teilzeit in einer Klinik für Kinder- und Jugendlichen-Psychiatrie und hat im Frühjahr 2020 den »Elternschirm« gegründet. In geschütztem Rahmen bietet sie Beratung für Eltern, Familien und Pädagog:innen an. Sie ist Mutter einer Tochter.
www.kipsy-katharina.de

Nina Pettenberg ist Mama von zwei Jungs und seit 12 Jahren ausgebildeter Inner-Balance-Coach, zertifizierte Trainerin, leidenschaftliche Mentorin und Podcasterin. Der Podcast SOULFUL richtet sich an Frauen, die mit Herz und Seele ein sinnerfülltes Leben kreieren möchten.
www.nina-pettenberg.de

Alexa von Heyden ist Autorin für deutschsprachige Printtitel und führende Online-Magazine. Die SPIEGEL-Bestseller-Autorin (»Hinter dem Blau«, »Meine Sonne. Mein Mond. Meine Sterne«) und Gründerin des Mode- und Interior-Blogs ALEXA PENG | VILLA PENG lebt mit ihrem Mann und ihrer Tochter in Brandenburg.
www.alexapeng.de

Tatjana Reichhart, promovierte Fachärztin für Psychiatrie und Psychotherapie (Verhaltenstherapie), hat das erste und bisher einzige Coaching- und Seminar-Café Kitchen2Soul mit Katrin Große in München-Neuhausen gegründet und arbeitet dort selbstständig als Coach und Trainerin.
www.tatjana-reichhart.de

Anna Wilitzki, Psychologin und Paartherapeutin, bietet die Emotionsfokussierte Paartherapie von Sue Johnson für Paare, aber auch Einzelsitzungen an. Sie möchte Paaren helfen, sich auf der emotionalen Ebene neu zu begegnen, um somit ein stärkeres Fundament zu haben, um auch Krisen im gemeinsamen Leben gemeinsam zu bewältigen. Sie bietet unter anderem ein Online-Programm für Paare an.
www.eine-psychologin.de

Marcus Reif ist HRler und Recruiter, er lebt Employer-Branding durch und durch. Er sagt über sich selbst, dass er mit Leib und Seele Personaler ist, Kommunikation, gute Nachrichten und einen guten Dialog schätzt.
www.reif.org

Judith Schüller ist stellvertretende Chefredakteurin und Kreativchefin der Zeitschrift *Schöner Wohnen*. Mit ihrem Mann bewohnt sie eine Altbauwohnung im Herzen St. Paulis in Hamburg.

Jana Tepe ist Mitbegründerin und Geschäftsführerin von Tandemploy. Tandemploy entwickelt Software, die Firmen auf ihrem Weg zu einer vernetzten Organisation unterstützt. Mit smarten Algorithmen matcht die SaaS des Berliner Unternehmens Mitarbeiter:innen innerhalb von Firmen für alle Arten von »New Work« und Kollaboration: Onboarding, (Reverse) Mentoring, Jobrotation, Jobsharing oder Co-Leadership, innovative Projekte, Working Circles, Peer Learning, Kaffee-Dates und vieles mehr.
www.tandemploy.de

Stephan Bayer ist Gründer und Geschäftsführer von »sofatutor«, der umfangreichsten
Online-Lernplattform im deutschsprachigen
Raum. Der studierte Soziologe ist Experte für
digitale Bildung und seit Neuestem frischgebackener Papa.
www.sofatutor.com

Anette Laurim, studierte Diplom-Informatikerin, lebt mit ihrem Mann und ihren beiden
Töchtern in einem Haus in München. Sie betreibt
den Blog »look! pimp your room« und ist als
Interior-Beraterin und Content Creator tätig.
www.lookpimpyourroom.com

Andrea Griesinger ist Partnerin bei dem Beratungsunternehmen Upgrade Organisationsentwicklungspartner. Neben dieser Tätigkeit ist
sie Dozentin an der Frankfurt School of Finance
and Management und engagiert sich außerdem für die Vereinbarkeit von Karriere und
Familie als Vorständin bei den Working Moms
sowie für die Förderung von Frauenkarrieren
in MINT-Berufen als Ambassadorin bei net4tec.
Sie ist Mutter von zwei Kindern und lebt
mit ihrer Familie in der Nähe von Frankfurt/
Main.
www.upgrade-partner.de
www.workingmoms.de
www.net4tec.com

Christina Ruthe lebt mit ihrem Mann und ihren
Zwillingstöchtern in Bielefeld. Die hauptberuf-
liche Instagrammerin erzählt als @tinchenman-
darinchen aus ihrem Alltag als Mutter, 2019
hat sie das sehr erfolgreiche Buch »Wahnsinn!
Mein erstes Jahr als Mama« veröffentlicht.
www.tina-ruthe.de

Arietta von Stechow ist baldige Zweifach-
Mama, Anwältin für Arbeitsrecht und lebt mit
ihrer Familie in Hamburg.

Dr. Matthias Riedl ist Ernährungsmediziner und ärztlicher Leiter des Medicum Hamburg, er teilt sein Wissen als E-Doc in der NDR-Reihe »Die Ernährungs-Docs« und ist u. a. Autor des Buches »Die Macht der ersten 1000 Tage«.

Denise Colquhoun ist Ordnungsexpertin und Bloggerin aus dem Münsterland. Als Fräulein Ordnung hilft sie Menschen, schöner zu wohnen und unnötigen Ballast abzuwerfen. Sie hat sechs Bücher geschrieben und ist immer wieder als Ordnungsexpertin im TV zu Gast. Denise ist alleinerziehende Mutter von drei Kindern. **www.fraeulein-ordnung.de**

Elly Oldenbourg gehört zur Gen Y, hat einen multikulturellen Hintergrund und ist seit über 16 Jahren im Marketing & Vertrieb von internationalen Unternehmen tätig. Seit über neun Jahren ist sie Managerin bei Google, davon vier Jahre in Teilzeit und im Jobshare. Sie ist zudem nebentätig selbstständig, eine sogenannte Sidepreneur, u. a. als Gastgeberin von Salons, Autorin und Speakerin. Elly ist Mutter von einem Sohn und lebt mit ihrer Familie in Hamburg. **www.ellyoldenbourg.de**

Sandra Runge ist Rechtsanwältin und Bloggerin. Sie hat 2016 gemeinsam mit ihrem Mann den ersten Co-Working Toddler im Berliner Stadtteil Prenzlauer Berg gegründet, 2019 folgte ein zweiter im Stadtteil Neukölln. **www.coworkingtoddler.de**

Infos und Tipps

Inspiration

#Spielenstattpanik

Unter dem Hashtag haben Mütter auf Instagram während des ersten Corona-Lockdowns
viele tolle Spiel- und Bastelideen gesammelt.
Dabei sollte man die Interessen der Kinder
beachten und entsprechend kleine Stationen
vorbereiten: Basteln mit neuen Materialien,
ein Tobeparkour, eine Autorennstrecke aufbauen usw.

Buchtipps

Patricia Cammarata:
Raus aus der Mental Load Falle

Kinder, Küche, Krisenmanagement. Ob sie
wollen oder nicht: Immer noch erledigen Mütter
einen Großteil der Familienarbeit, haben jedes
noch so kleine To-do von Kindern und Partner
im Kopf. Mental Load ist das Wort für die Last
im Kopf, die Frauen grenzenlos stresst.

Emma: *The Mental Load – A Feminist Comic*

Ein feministischer Comic der Pariser Illustratorin
Emma, die den Mental Load der Frauen auf
eindringlichen Bildern darstellt und so zum ersten Mal »sichtbar« gemacht hat.

Frithjof Bergmann: *Neue Arbeit, neue Kultur*

Wie kann die Zukunft der Arbeit aussehen?
Frithjof Bergmann beschreibt in diesem Buch
die neuen Perspektiven der Arbeitsgesellschaft,
die als »New Work«-Konzept bekannt wurden
und heute aktueller sind denn je. Im Vorder-
grund seiner Arbeit steht die Frage, was wir
wirklich wollen, wo Talente und Stärken liegen
und wie diese mit der Arbeitswelt verknüpft
und umgesetzt werden können.

Tatjana Reichhart: *Das Prinzip Selbstfür-sorge – Wie wir Verantwortung für uns übernehmen und gelassen und frei leben*

Nur wer für sich selbst sorgt, kann den Anfor-
derungen des Alltags standhalten, ohne
gestresst und ferngesteuert vor sich hin zu leben.
Und nur wer für sich selbst sorgt, kann auch
für andere sorgen. Dr. med. Tatjana Reichhart
weiß aus ihrer langjährigen Praxis, wie man
herausfindet, was einem wirklich guttut und wie
man sich Freiräume schafft, um das auch
umzusetzen.

Dr. Matthias Riedl: *Die Macht der ersten 1000 Tage – Falsche Ernährungsmuster aus der frühen Kindheit aufdecken und der Prägungs-falle endlich entkommen*

Dr. Matthias Riedl, Ernährungsmediziner mit
über 30 Jahren Erfahrung, hilft allen, die endlich
verstehen wollen, wie sich Ernährungspräferen-
zen prägen, und die mit diesem Wissen den Weg

in ein gesundes, schlankes Leben finden wollen. Der Autor erläutert, was Ernährung eigentlich mit uns macht, und zeigt auf, warum es evolutionär für uns vorteilhaft ist, Ernährungsvorlieben auszuprägen, und wieso diese einst sogar überlebenswichtig für uns waren.

Tina Ruthe: *Wahnsinn!*
Mein erstes Jahr als Mama

Jede Frau denkt, sie weiß, worauf sie sich einlässt, wenn sie Mutter wird. Pustekuchen! Privacy auf der Toilette – geschenkt! Hübsche Figur – Vergangenheit! Freude am Design – ja, beim geruchssicheren Windeleimer auf jeden Fall! Und wer ist die beste Freundin? Genau! Die Waschmaschine! Wahnsinn!

Denise Colquhoun: *Besser aufräumen, freier leben – Minimalismus für die Wohnung*

Der ultimative Ratgeber für alle Corona-Gestressten im Home Office: Seit Beginn der Corona-Krise ist das Home Office für viele von uns Teil des täglichen Lebens. Und das wird wohl so bleiben. Wenn man aber häufiger von zu Hause arbeiten will, muss das von der Notlösung zur dauerhaften Ideallösung werden.

Gary Chapman: *Fünf Sprachen der Liebe*

In dem Buch geht der Autor davon aus, dass es fünf Sprachen der Liebe gibt: Lob und Anerkennung, Zweisamkeit, Geschenke, die von Herzen kommen, Hilfsbereitschaft und Zärtlichkeit. Chapman vergleicht die Sprachen der Liebe mit einer Fremdsprache. Treffen nun also Menschen mit unterschiedlichen Bedürfnissen, also Liebessprachen, aufeinander, kann es in der Kommunikation Probleme geben. Ein Beispiel: Die Frau steht in den meisten Fällen nachts auf, wenn das Kind wach wird. Sie wünscht sich, morgens ganz in Ruhe einen dampfend heißen Kaffee im Bett trinken zu dürfen – dann ist für sie die Liebessprache der »Act of Service«, also Hilfsbereitschaft. Wenn der Partner zwar ihr Bedürfnis nach dem Kaffee erkennt, ihr aber, statt ihr diesen liebevoll zubereitet ans Bett zu bringen, eine neue Kaffeemaschine kauft, wird es zwischen den beiden knallen. Die Frau fühlt sich völlig missverstanden und überhaupt nicht gesehen und der Mann hat eine aus seiner Sicht sehr liebevoll gemeinte Geste gezeigt, die überhaupt nicht die Wertschätzung erfährt, die er sich gewünscht hatte.

David Frenkiel: *Die grüne Familienküche – Das vegetarische Familienkochbuch für jeden Tag*

Vielen Familien fällt es schwer, jeden Tag eine gesunde Mahlzeit auf den Tisch zu zaubern. David Frenkiel und Luise Vindahl wollen das mit diesem Familienkochbuch ändern: Mit Dino-Burgern, Regenbogenpfannkuchen und Sushi-Burrito-Rollen kommt nicht nur abwechslungsreiches Essen, sondern auch Spaß auf den Familien-Esstisch. So gehören »Mag ich nicht« und Gemüsestreiks endgültig der Vergangenheit an! Ob Alltagsküche, Party-Food, Lunchbox oder Snacks – die über 70 unkomplizierten vegetarischen Rezepte, inspiriert von Gerichten aus aller Welt, eignen sich perfekt zum Nachkochen mit Kindern und lassen sich durch kleinere Upgrades mühelos für Erwachsene variieren.

Julia Radtke: *1x Kochen für Alle*

Der Partner liebt saftiges Steak, die Tochter isst nur vegetarisch und der Kleinste bekommt bei Grünzeug Schreikrämpfe – alle am Familientisch glücklich zu machen kann eine echte Herausforderung sein. Aus diesem Grund hat die Foodbloggerin und Mutter Julia Radtke frische, gesunde und abwechslungsreiche Gerichte kreiert, die sowohl bei großen als auch kleinen Essern das Wasser im Mund zusammenlaufen lassen. Einmal kochen, alle glücklich machen – mit diesen vielfältigen Rezepten ist das kein Problem mehr!

Freche Freunde – Familien-Kochbuch: *40 gesunde Rezepte für Groß und Klein*

Die Essgewohnheiten von Kindern positiv zu beeinflussen und schon die Kleinsten zu großen Obst- und Gemüsefans machen – das ist die Mission der Marke »Freche Freunde«. Ihre Kindersnacks mit den lustigen Kulleraugen kennt heute jeder. Mit ihrem Familienkochbuch wollen die Frechen Freunde ihre Mission weiter voranbringen: Kochen macht Spaß und ist für Groß und Klein der ideale Weg, sich schon früh mit gesunder Ernährung auseinanderzusetzen.

Lieferservices

Frischepost

Erhalte beste **saisonale Lebensmittel** von Höfen und Manufakturen aus deiner Region zu dir nach Hause. Hier bestellst du deinen kompletten Wocheneinkauf und bekommst ihn klimaschonend bis vor die Haustür geliefert.
www.frischepost.de

Etepetete

Eine Biobox mit **gerettetem Obst und Gemüse.** Die Box regt die Fantasie beim Kochen an, weil auch mal Sorten dabei sind, die man so gar nicht auf dem (Einkaufs-)Zettel hat, und das gerettete Gemüse ist manchmal herrlich krumm und bunt, toll für Kinder, um zu lernen, dass es nicht immer die schnurgerade orange Möhre sein muss.
www.etepetete-bio.de

Lillydoo

Bei Lillydoo kann man sich **monatlich Windeln und Feuchttücher** per Abo nach Hause liefern lassen. Man sucht sich die Größe raus, die gerade benötigt wird, und kann diese auch jederzeit anpassen. So einfach, so praktisch!
www.lillydoo.com

The Female Company

Monatshygiene: Binden, Tampons und Co. kommen in einem gewünschten Turnus ganz bequem zu dir nach Hause, besonders schön, wenn Mann und Kinder diese Artikel ausgesprochen ungern beim Einkauf mit aufs Band legen und man am Ende doch selbst noch mal los müsste. Manchmal sind es die kleinen Dinge!
www.thefemalecompany.com

Everdrop

Putzmittel: Everdrop liefert Waschmittel, Putzmittel und Spülmaschinentabs in einem gewünschten Turnus zu dir nach Hause – und das auch noch echt nachhaltig. Macht ein gutes Gewissen und das Leben ein wenig leichter.
www.everdrop.de

Co-Working mit Kinderbetreuung

Hamburg: Work & Play, Pastorenstraße 16-18, 20459 Hamburg
www.workandplay-hh.de

Leipzig: Rockzipfel Leipzig,
Georg-Schwarz-Straße 10, 04177 Leipzig,
www.rockzipfel-leipzig.de

Berlin: **Work'n'Kid,** Schreinerstraße 58, 10247 Berlin, **www.worknkid.de**

Coworking Toddler, Greifenhagener Straße 48, 10437 Berlin
www.coworkingtoddler.com

juggleHUB, Christburger Straße 23, 10405 Berlin, **www.jugglehub.de**

Köln: COWOKI, Dorothee-Sölle-Platz 2, 50672 Köln, **www.cowoki.de**

Frankfurt am Main: Co-Work & Play,
Otto-Meßmer-Straße,
60314 Frankfurt am Main

Nürnberg: Design Offices Nürnberg City,
Königstorgraben 11, 90402 Nürnberg
www.designoffices.de

München: Design Offices München Nove,
Luise-Ullrich-Straße 14, 80636 München
**www.designoffices.de/standorte/
muenchen-nove**

Leihgroßeltern

Lend Grand ist das größte Onlineportal für Leihgroßeltern in Deutschland. Gründerin Sonia, selbst Mutter von drei Kindern, hat das Portal aus eigenem Interesse gegründet, als sie sich auf die Suche nach »Ersatzgroßeltern« für ihre Kinder machte.
www.lend-grand.de

Die Bundesarbeitsgemeinschaft der Freiwilligenagenturen (bagfa.de) hat etwa 300 lokale Freiwilligenagenturen gelistet, über die ebenfalls Leihomas oder Wunschgroßeltern gesucht werden können.

Der Verein **Human Environment Life Protection (HELP)** (help-deutschland.de) sucht und vermittelt Wunschgroßeltern deutschlandweit.

Babysitter

Babysitter kann man z. B. über Onlineportale wie **www.betreut.de** finden. Es lohnt sich jedoch auch, einmal in der **Nachbarschaft** oder bei **Freund:innen** mit älteren Kindern anzufragen. Auch in der **Kita** oder der **Schule** kann ein Aushang gemacht werden oder die Betreuer:innen können ganz gezielt nach einer Empfehlung gefragt werden. **Elternschulen oder Familienbildungsstätten** bieten manchmal Babysitter-Kurse an, in denen Jugendliche Erste Hilfe und Kinderpflege lernen, diese haben meist Kontaktlisten von Babysittern, die zur Verfügung stehen.

Au-Pair-Agenturen

AuPairWorld www.aupairworld.com
WeAupair www.weaupair.com
Betreut www.betreut.de

Kindermädchen-Agenturen

Agentur Mary Poppins
www.agenturmarypoppins.de
Nanny 4 your kid
www.nanny4yourkid.com
Betreut
www.betreut.de

Portale für Kinderreisen

www.bauernhofurlaub.de
Ab einem Alter von sechs Jahren können Kinder bis zu sieben Tage alleine den Urlaub auf dem Bauernhof verbringen. Sind sie schon älter, sind Ferien bis zu zwei Wochen möglich. Die Kinder werden dabei in einer Gastfamilie mit anderen Kindern direkt auf dem Hof untergebracht und versorgt.

www.ferien-camps.de
Hier können sportbegeisterte Kinder und Jugendliche sich so richtig austoben. Ob Fußball, Segeln, Reiten, Turnen, Tennis oder Kajak – alles ist dabei. Neben Sportcamps werden auch Abenteuer- und Kreativcamps angeboten.

www.juvigo.de
Juvigo ist ein Spezialist für Kinderreisen ohne Eltern. Von Klettercamps über Snowboard-, Segel- oder Kreativcamps können sich Eltern und Kinder genau das aussuchen, was für sie passt und sich in ihrer Nähe befindet.

Lernapps: Digitale Lernhelfer

Sofatutor
Sofatutor bietet den Nutzer:innen Lernspiele, Lernvideos, Lernübungen, Arbeitsblätter und einen interaktiven Hausaufgabenchat. Das Programm ist geeignet für Grundschüler:innen bis hin zum Schulabschluss.
www.sofatutor.com

Scoyo
Das scoyo-Lernspiel wurde mit Bildungsexpert:innen (Lehrer:innen, Schulbuchverlagen, Universitäten, Pädagog:innen …) entwickelt und richtet sich an die Schulklassen 1–7.
www.scoyo.de

Edoki: Montessori-Vorschul-App
Die Montessori-Vorschule bietet die umfassendsten Lernspiele zum Lesen und Schreiben lernen, aber auch Chinesisch und Programmieren sind Themengebiete für Kinder von drei bis sieben Jahren.
www.montessori.edokiacademy.com

Digitale Anlaufstelle für alleinerziehende (Mütter)

Gut alleinerziehend:
Der Blog von Silke Wildner bündelt Wissen und macht Mut. Dazu gibt es einen Podcast und eine Facebookgruppe, in der Kontakte gefunden und Inhalte miteinander geteilt werden können.
www.gut-alleinerziehend.de

Es gibt zudem in jeder Stadt Treffs und Verbände, die Hilfe und Beratung anbieten, jedoch auch regelmäßige Treffen, um sich ein Netzwerk aufzubauen.

Digitale Anlaufstelle für alleinerziehende Väter

Speziell an getrennt lebende Väter richtet sich der Verein **Väteraufbruch**, der sich dafür einsetzt, dass auch getrennt lebende Kinder mit beiden Elternteilen aufwachsen dürfen.
www.vaeteraufbruch.de

Anlaufstelle für gleichgeschlechtliche Elern

Ilse: Initiative lesbischer und schwuler Eltern
Hier finden Regenbogenfamilien vier verschiedene regionale Gruppen, in denen Austausch, Netzwerk und Hilfestellungen für gleichgeschlechtliche Familien oder Partner:innen angeboten werden.
www.lsvd.de/de/ct/998-Wo-finde-ich-andere-Regenbogenfamilien-lesbische-Muetter-und-schwule-Vaeter

Netzwerke für berufstätige Mütter

Working Moms
Working Moms e. V. ist ein Netzwerk engagierter berufstätiger Mütter. Die Working Moms stehen dafür, dass Frauen selbstverständlich beides haben können – Kinder und Karriere.
www.workingmoms.de

Mama Meeting
Mama Meeting bietet einen Ort für Inspirationen, zur Weiterbildung mit Kind und zum Netzwerken. Statt über Stillen oder Pre-Nahrung diskutierst du bei den Mama Meetings über Selbstständigkeit oder Angestelltenjob, über moderne Wege zur Vereinbarkeit von Beruf und Familie, über persönliche Ziele und Wünsche.
www.mamameeting.de

Verband berufstätiger Mütter
Der Verband berufstätiger Mütter setzt sich mit Lobbyarbeit, Informationen und Vernetzung von Spezialist:innen für Gehalts- und Rentengerechtigkeit, für einen Wandel in der Arbeitswelt und Gesellschaft, für Beruf und Familie für Männer und Frauen ein.
www.vbm-online.de

Blogs & Onlinemagazine

Work & Family

Stephanie Poggemüller schreibt auf ihrem Blog über verschiedene Themen rund um das Thema Vereinbarkeit von Familie und Beruf. Sie bietet zudem für Familien und Unternehmen Coachings in diesem Bereich an.
www.workandfamily.de

Any Working Mom

In dem Schweizer Onlinemagazin bieten Andrea Jansen, Anja Knabenhans und Rebecca Krause eine Plattform für selbstbestimmte Mütter und Väter. Neben dem Magazin gibt es auch einen Concept Store und einen eigenen Podcast.
www.anyworkingmom.com

Ohhh Mhhh

Mit Ohhh Mhhh hat Chefredakteurin Stefanie Luxat eine ganz eigene Welt geschaffen, mit Inhalten, die Frauen mit und ohne Kinder interessieren und bewegen, immer nah am Puls der Zeit, immer mit neuen Ideen, immer eine Inspiration.
www.ohhhmhhh.de

Zum Weiterhören

Der 2-Stunden-Papa-Podcast

In diesem Podcast klärt Andreas die Frage: Muss ich mich als Vater zwischen Karriere und Familie entscheiden? Dabei spricht er immer wieder in Interviews mit verschiedenen spannenden Gästen und entdeckt so die besten Tipps, Tricks und Ideen, wie die Work-Family-Balance gelingen kann.
www.papa-online.com

2PAARSchultern

Im Podcast von Nadine Pniok und Robert Frischbier trifft New Work auf Vereinbarkeit. Die beiden sprechen im Interview mit verschiedenen Gästen über Themen wie die Grenzen des Home Office, digitale Kinderbetreuung, Jobsharing und Chancengleichheit.
www.2paarschultern.de

New Work Moms

Im New-Work-Moms-Podcast berichten Eva Stiekema und Jenny Winkler über Mütter in der neuen Arbeitswelt und die Herausforderungen, denen sie sich gegenübersehen. Dabei laden sie sich immer wieder spannende Gesprächspartner:innen ein und sprechen über Themen wie Altersvorsorge, erfolgreich sein, ohne zu zerbrechen, und Body Positivity.
www.newworkmoms.de

Eltern ohne Filter

In diesem Podcast sprechen die Journalist:innen Kathrin Hasselbeck, Ruslan Amirov und Schlien Gollmitzer, die allesamt selbst Eltern sind, mit Müttern und Vätern darüber, wie es wirklich ist, Eltern zu sein – ganz ungefiltert, zwischen irrsinnigem Glück und ganz normalem Wahnsinn.
www.br.de/mediathek/podcast/eltern-ohne-filter/821

Bildnachweis

Umschlagfoto und Autorinnenporträts (S. 9 und S. 186): © Yulia Morozova

Innentitel und Kapitelaufmacher:
© Katja Schubert, SHOT FOTOGRAFIE

S. 11: © Lillydoo

S. 18: © David Höpfner

S. 34: © Benni Janzen

S. 46: © Vlada Karpovich

S. 52, S. 104-106: © Alexa von Heyden

S. 59: © Denise Colquhoun

S. 60, S. 127: © Sergej Willer

S. 65: © Jessica Ruscello

S. 66/67, S. 118: © Katharina Katz

S. 71: © Monika Grabkowska

S. 75: © Pixzolo Photography

S. 77: © Andreas Sibler

S. 79: © kuchenkult.de von Coppenrath & Wiese

S. 81 oben: © Etepetete bio

S. 81 unten: © Verena Guschal, Frischepost

S. 82 oben: © Phil Koehler, The Female Company

S. 82 Mitte: © Everdrop

S. 82 unten: © Lillydoo

S. 87: © Xenia Bluhm

S. 90, S. 92: © Nici Schwab

S. 91: © Estee Janssens

S. 95: © Tandemploy

S. 96: © Andrea Griesinger

S. 99: © Marcus Reif

S. 100, S. 109 unten, S. 110: © Anette Laurim

S. 107: © Ilona Habben

S. 108 oben: © Montana

S. 108 Mitte: © Boxie

S. 108 unten: © IKEA

S. 109 oben: © Arper

S. 114: © Manu Wolf

S. 115: © Co-Working Toddler

S. 124: © Alex Green

S. 129: © Christina Ruthe

S. 131: © Arietta von Stechow

S. 141: © Allan Mas

S. 145: © Sascha Kott

S. 166: © Nathalie Gros

Textnachweis

Alle Texte stammen von Katharina Marisa Katz mit Ausnahme der folgenden:

S. 64 (Zitat): Sabine Huth-Rauschenbach, in: *Organic Cooking - Das Familienkochbuch* , TRIAS

S. 70 (Mayonnaise-Rezepte), S. 73 und S. 74 : Luisa Zerbo, in: *So schmeckt die Liebe*, Knesebeck

S. 72 links: Lena Pfetzer, in: *Lenaliciously*, Knesebeck

S. 79: kuchenkult.de von Coppenrath & Wiese

Über die Autorin

Katharina Katz ist Autorin, Journalistin und Creative Consultant. Sie erarbeitet seit fünf Jahren selbstständig neue Formate für Onlinemagazine, Video Produktionen und Podcasts, hilft bei der Contentstrategie, Planung und Umsetzung. 2018 erschien ihr Buch »Einfach Machen« im Knesebeck Verlag. Nur wenige Wochen zuvor wurde ihre erste Tochter geboren und brachte ihr (Arbeits-) Leben gehörig durcheinander. Für Katharina ist Vereinbarkeit von Familie und Beruf gelebtes Wissen und eine echte Herzensangelegenheit. www.katharinakatz.de

Danke

Wenn ich beim Schreiben dieses Buches während einer weltweiten Pandemie und mit einem Kleinkind ohne Kinderbetreuung im Home Office etwas gelernt habe, dann Dankbarkeit. Für tolle Nachbar:innen, mit denen wir eine Spielgruppe gebildet haben, für Großeltern, die manchmal durch ganz Deutschland fahren, um mir Zeit und kreative Freiheit zu schenken, für Freunde und für Franzbrötchen. Dankbarkeit dafür, in Hamburg leben zu dürfen, wo man auch ohne zu reisen spontan am Elbstrand die Zehen in den Sand stecken kann. Ich bin unendlich dankbar für all die tollen Gespräche und klugen Gedanken von all den Menschen, die mich und mein Buch begleitet haben, für meine Freundinnen und meine Familie, die mich inspiriert, gefordert und vor allem mir immer wieder zugehört haben, und nicht zuletzt natürlich meiner wunderbaren Lektorin Anja und Designrakete Leonore – danke! Mein allergrößter Dank gilt aber meinem Mann Marc und meiner Tochter. Mit euch ist es immer und egal wo am allerschönsten, danke für eure Unterstützung und die zahlreichen kleinen und großen Motivationsschübe – ohne euch hätte es »Zwischen Laptop und Legosteinen« vielleicht gar nicht gegeben.

Außerdem bei Knesebeck erschienen:

„Du triffst mit einer Selbstständigkeit keine Entscheidung fürs Leben – aber vielleicht die beste Entscheidung deines Lebens.

Katharina Marisa Katz

Einfach machen – einfach gründen!

Der Guide für Gründerinnen

ISBN 978-3-95728-188-3

" Minimalismus und Familie passen wunderbar zusammen, denn gerade in Familien ist es wichtig, sich auf das Wesentliche zu konzentrieren.

" Es gibt nicht ›den richtigen Weg‹, sondern immer nur deinen eigenen.

Susanne Mierau, Milena Glimbovski, Katja Vogt
Einfach Familie leben
Der Minimalismus-Guide:
Wohnen, Kleidung, Lifestyle, Achtsamkeit

ISBN 978-3-95728-270-5

Corinna Mamok
Mama, mutig, mittendrin
Inspiration und Motivation
für deinen eigenen Weg
als Mutter und Frau

ISBN 978-3-95728-466-2

Notizen

Notizen

Impressum

Deutsche Originalausgabe
Copyright © 2021
von dem Knesebeck GmbH & Co. Verlag KG,
München
Ein Unternehmen der Média-Participations

Projektleitung und Lektorat: Anja Sommerfeld,
Knesebeck Verlag
Umschlaggestaltung, Layoutkonzept und Satz:
Leonore Höfer, Knesebeck Verlag
Herstellung: Arnold & Domnick, Leipzig
Druck: Graspo CZ, a.s.
Printed in Czech Republic

ISBN 978-3-95728-516-4

www.knesebeck-verlag.de